Contra la teología liberal, de Roger Olson, es una definición, examen y evaluación valientes y calmados del derrumbe de la auténtica teología cristiana ortodoxa en la mente, el corazón, y las manos de un teólogo liberal (no progresista) tras otro. En sus propias palabras, Olson a menudo arroja una luz brillante y penetrante sobre sus propias críticas. Este es un clásico ejemplo de Olson siendo Olson: conoce la literatura, es sincero, es imparcial, y es espléndido a la hora de criticar las dificultades y trampas de los teólogos liberales. Y examina solamente a los que apoyan abiertamente a los «liberales» en su teología. Aquellos que se sientan más atraídos por el progresismo y luego por el liberalismo se beneficiarán de una lectura humilde de este libro.

—SCOT MCKNIGHT, profesor de Nuevo Testamento del Seminario Northern

Roger Olson nos muestra la absoluta necedad y vacuidad teológica del cristianismo liberal actual. Demuestra que el Dios del liberalismo es un espejo de ellos mismos, su Jesús no es digno de adoración ni un salvador de ningún tipo, y el Espíritu Santo es meramente un símbolo para sus propias meditaciones. El veredicto de Olson es condenatorio pero indubitable: el cristianismo liberal tiene muy poco que ver con el cristianismo clásico o histórico.

—MICHAEL BIRD, decano académico y profesor de Nuevo Testamento, Ridley College

CONTRA LA TEOLOGÍA LIBERAL

PONIENDO FRENO AL CRISTIANISMO PROGRESISTA

Roger E. Olson

PATMOS

Contra la teología liberal:
Poniendo freno al cristianismo progresista

Publicado por Editorial Patmos,
Miramar, FL 33027.

Publicado originalmente en inglés por Zondervan, 3900 Sparks Dr. SE, Grand Rapids, Michigan 49546, con el título *Against Liberal Theology: Putting the Brakes on Progressive Christianity*

Traducido por Belmonte Traductores.
Diseño gráfico por Adrián Romano.

ISBN: 978-1-64691-319-0

Categoría: Teología.

Impreso en Brasil | *Printed in Brazil*

CONTENIDO

PREFACIO

En la cultura de hoy no es popular estar en contra de algo a menos que sea abiertamente inmoral o ilegal. Incluso entonces, a menudo surge la pregunta acerca de los asuntos morales: ¿quién eres tú para estar en contra de algo que no hace daño a nadie? Por lo tanto, sentimos la presión de no ir en contra de las creencias de la gente y, sin embargo, como teólogo cristiano no veo cómo podemos escapar de ello. No puedo aceptar todo lo que se sitúa bajo la etiqueta de cristiano, y algunas cosas que la gente llama cristianas no pueden serlo si la Biblia y la historia cristiana son nuestra guía. Realmente es así de simple. Soy muy consciente de cuán impopular es decirlo, pero cualquiera que conozca lo diverso que es el *cristianismo* como una etiqueta tiene que saber que no todo lo que se llama así puede ser auténticamente cristiano. Cualquier cosa que sea compatible con todo, no es nada. Si queremos que el *cristianismo* signifique algo, tiene que tener alguna forma, si no queremos hablar de límites.

Pido disculpas a cualquiera que se sienta ofendido por mi postura en contra del cristianismo liberal. Mi objetivo no es dañar los sentimientos de nadie; más bien, mi meta es informar a las personas de lo que es el cristianismo liberal y por qué debieran pensar al respecto de modo crítico. Si de todos modos deciden aceptarlo, no es algo que yo pueda o quiera impedir, pero quiero que las personas sepan lo que están aceptando y por qué es controvertido y casi con certidumbre no su mejor opción si es que quieren ser auténticamente cristianos.

Alguien dijo en una ocasión que lo único malo de la teología del proceso (una forma popular de cristianismo liberal) es que es una alternativa muy atractiva para la fe cristiana. Sé que suena duro, pero al menos esa persona reconoció correctamente que la teología del proceso es atractiva. Diré lo mismo acerca del cristianismo liberal: es atractivo en algunos aspectos y para muchas personas. Pero debo añadir que, bien entendido (y explicarlo adecuadamente es una de las principales metas aquí), es una alternativa al cristianismo verdadero, clásico, histórico, bíblico y ortodoxo.

Por años he enseñado a mis alumnos de teología a vivir según esta máxima: «Antes de decir "discrepo", asegúrate de poder decir "lo entiendo"». He pasado años estudiando e incluso «probando» el cristianismo liberal. Lo he estudiado y enseñado en clases. He organizado y participado en eventos de diálogo liberales-evangélicos. He invitado a hablar en mis clases a pastores y teólogos que se identifican a sí mismos como liberales. He leído incontables libros sobre cristianismo liberal y he sido miembro de dos iglesias liberales: una presbiteriana y otra bautista. He asistido a conferencias, retiros y simposios de eruditos teológicos liberales. He estudiado bajo eruditos y teólogos bíblicos liberales durante mi carrera. No salgo contra la teología liberal como un desconocedor; la conozco, la entiendo, y la he experimentado desde dentro, aunque siempre he mantenido vivas mi propia fe cristiana evangélica y mi teología ortodoxa.

Entonces ¿por qué escribir un libro como este, *en contra* del cristianismo liberal? Muchas personas, incluidos muchos teólogos liberales, admiten que el protestantismo clásico liberal ha estado disminuyendo en popularidad durante décadas. Eso podría ser así, pero he visto muchos jóvenes cristianos conservadores (y algunas personas mayores) abandonar la fe cristiana ortodoxa a cambio del cristianismo liberal, la mayoría de las veces, según mi experiencia, como una reacción en contra de lo que perciben como el fundamentalismo de su educación cristiana. Crecieron en iglesias fundamentalistas, les parecieron opresivas, anti intelectuales, legalistas, o cualquier otro adjetivo, y en lugar de quedarse en territorio intermedio se fueron directamente al otro extremo del abanico cristiano, al cristianismo liberal. Y he observado que, en muchos de los casos, estos «conversos» al cristianismo liberal nunca dejaron de pensar en sus fallas. Quiero advertir a los cristianos que no acepten el cristianismo liberal sin una consideración crítica, y quiero animar a los que están en iglesias liberales a trabajar para cambiarlas, llevándolas de nuevo al cristianismo sentido, bíblico y ortodoxo, o a irse de ellas.

■ ■ ■

Quiero dar las gracias a mi asistente de enseñanza e investigación Collin Glatz por su incalculable ayuda con la retroalimentación acerca del manuscrito de este libro. También quiero dar las gracias al editor de Zondervan Matthew Estel por su crítica constructiva y sus útiles correcciones.

Dedico este libro a mis amigos de toda la vida Greg H. y Galen

Paul F.

INTRODUCCIÓN

La teología, en el sentido al que nos referimos aquí, es un conjunto de creencias acerca de Dios y cosas relacionadas con Él. El cristianismo, en el sentido al que nos referimos aquí, es la aceptación de esas creencias. Este libro trata sobre ambas cosas, y su enfoque es una tradición particular de creencias y la aceptación de esas creencias. La teología liberal es una tradición moderna de creencias; el cristianismo liberal es la manera moderna de creer y aceptar esas creencias. Este libro es una advertencia dirigida principalmente a quienes piensan de sí mismos como cristianos progresistas, para que no adopten la teología liberal o crean de la manera cristiana liberal. Muchos consideran el cristianismo progresista como un camino hacia la teología y el cristianismo liberal; hay algo de verdad en eso.

Este libro, sin embargo, no es una diatriba contra el cristianismo progresista. *Progresista* es una etiqueta usada por muchas clases diferentes de cristianos. Sí quisiera advertir al menos a algunos que se identifican como cristianos progresistas para que no caigan en el cristianismo liberal. Por supuesto que estas etiquetas son complicadas porque algunos cristianos verdaderamente liberales, como los describiré aquí, prefieren llamarse a sí mismos cristianos progresistas. Sin embargo, muchos que se consideran cristianos progresistas no son realmente liberales en el sentido al que me refiero en este libro (y explicaré eso con más detalle). Por lo tanto, en términos sencillos, no todos los cristianos progresistas son cristianos liberales, aunque todos los cristianos liberales al menos en ocasiones se autodenominen cristianos progresistas.

Entonces, ¿por qué no estoy escribiendo contra el cristianismo progresista? Por un lado, a diferencia del cristianismo liberal, no existe una tradición de cristianismo progresista, ni tampoco hubo nunca un movimiento cohesivo de cristianos progresistas. El *cristiano progresista* es demasiado flexible como para poderlo identificar. Algunos protestantes muy conservadores han llamado a su teología dispensacionalismo progresista.[1] Durante la década de 1970 un grupo de cristianos evangélicos desarrolló un estilo y una coalición que han llegado a denominarse evangélicos progresistas.[2] De ningún modo el término *progresista* apunta necesariamente al mismo tipo de teología que la *liberal*. Este libro en realidad solamente habla acerca del verdadero cristianismo liberal y su teología; casi al final haré una advertencia a *algunos* cristianos que se autodenominan progresistas para impedir que no caigan en el verdadero cristianismo liberal, algo que sucede con frecuencia pero que no hay necesidad de que ocurra.

El cristianismo liberal constituye una tradición que surgió de un movimiento. No es monolítica u homogénea. Es una tradición diversa con algunos rasgos comunes y unificadores. En este libro me enfocaré principalmente en sus rasgos comunes como una especie de tradición unificada dentro del cristianismo moderno. Se han publicado muchos libros que lo describen de esa manera. Mencionaré un conjunto magistral de estos libros de un solo autor y dos tratados de un volumen sobre la tradición. Todos ellos se enfocan principalmente en el cristianismo liberal

---

1. Ver Craig Alan Blaising y Darrell Bock, *Progressive Dispensationalism* (Grand Rapids: Baker, 1993).

2. Ver Brantley W. Gasaway, *Progressive Evangelicals and the Pursuit of Social Justice* (Chapel Hill, NC: Univ. of North Carolina Press, 2014), y David R. Swartz, *Moral Minority: The Evangelical Left in an Age of Conservatism* (Philadelphia: Univ. of Pennsylvania Press, 2012).

estadounidense y en especial en su teología distintiva. El cristianismo liberal en realidad comenzó en Alemania con un pastor y teólogo llamado Friedrich Schleiermacher (1768-1834), y encontró su prototipo e influyente más importante en un teólogo alemán posterior llamado Albrecht Ritschl (1822-1889). Numerosos pastores y teólogos estadounidenses fueron en masa a Alemania para estudiar con estos hombres, y la mayoría de ellos regresaron a los Estados Unidos para «modernizar» el cristianismo estadounidense con ideas importadas de ellos y más adelante de teólogos liberales alemanes como Adolf von Harnack (1851-1930) y Ernst Troeltsch (1865-1923).

El enfoque de este libro, sin embargo, lo pondremos en el cristianismo liberal estadounidense, el cual está en gran deuda con aquellos pioneros alemanes de la teología liberal. Aparecerán algunas menciones a ellos, pero no hay que preocuparse, pues no se presupone ningún conocimiento de teología liberal en este libro. Ustedes, los lectores, no se verán abrumados con una jerga técnica teológica ni tendrán que conocer y entender las filosofías que influyeron en el cristianismo liberal (aunque haremos algunas menciones a ellas). Este libro pretende poder usarse de un modo fácil incluso aunque pida a los lectores que piensen en asuntos con los que quizá no se han encontrado previamente o en los que no han pensado con profundidad.

El cristianismo liberal estadounidense, incluyendo sus antecedentes en las teologías liberales alemanas (e inglesas), está descrito, examinado, analizado y evaluado en una obra de tres volúmenes del profesor del seminario Union Theological Seminary Gary Dorrien (1952). Su título es *The Making of American Liberal Theology* [La creación de la teología liberal estadounidense].[3] El conjunto engloba fácilmente más de mil páginas, y describe con gran detalle a decenas de influyentes pensadores y líderes cristianos liberales estadounidenses. Otros dos libros importantes

---

3. Gary J. Dorrien, *The Making of American Liberal Theology*, 3 vols. (Louisville: Westminster John Knox, 2001–6).

y de referencia del mismo género son *The Impact of American Religious Liberalism* [El impacto del liberalismo religioso estadounidense] de Kenneth Cauthen y *The Modernist Impulse in American Protestantism* [El impulso modernista en el protestantismo estadounidense] de William R. Hutchinson.[4] En este libro usaré materiales de estas tres historias del cristianismo liberal estadounidense, así como muchas otras fuentes principalmente de teólogos, pastores, maestros y laicos liberales de los Estados Unidos. Intentaré en gran medida evitar apoyarme en obras polémicas en contra del cristianismo liberal, en especial aquellas que no muestran un conocimiento objetivo del tema.

De nuevo, deseo enfatizar que no tengo un interés personal en los cristianos liberales; no los odio sino que los amo. Tan solo pienso que su teología es seriamente defectuosa hasta el punto en que el verdadero cristianismo liberal no debiera considerarse auténticamente cristiano. La sinceridad llama a los cristianos liberales a admitir que han «cortado el cordón de continuidad» entre su religión y el cristianismo ortodoxo, clásico e histórico hasta el grado en que su religión es otra totalmente distinta.

No discutiré que los cristianos liberales no sean cristianos; discutiré que su teología no es auténticamente cristiana. Teniendo en cuenta que el cristianismo es una cuestión del corazón y no de la cabeza, los cristianos liberales pueden ser auténticamente cristianos. Es su teología lo que someteremos a un escrutinio crítico aquí, y mi opinión, basada en muchos años de estudio del cristianismo liberal, es que la teología liberal no es auténticamente cristiana porque se aleja de modo radical de la ortodoxia cristiana tradicional y bíblica.

Este argumento lo expuso hace casi un siglo un crítico temprano del cristianismo liberal llamado J. Gresham Machen (1881-1937) en su libro *Christianity and Liberalism* [Cristianismo y

4. Kenneth Cauthen, *The Impact of American Religious Liberalism*, 2nd ed. (1962; Lanham, MD: Univ. Press of America, 1983), y William R. Hutchinson, *The Modernist Impulse in American Protestantism* (1976; New York and Oxford: Oxford Univ. Press, 1982).

liberalismo].[5] Sin embargo, Machen sostenía una visión mucho más estrecha del cristianismo ortodoxo de la que yo tengo. ¡Me temo que incluso él pudiera tacharme a *mí* de cristiano liberal! Machen fue un fundamentalista temprano que consideraba la expiación sustitutoria (que en la cruz Jesús sufrió la ira de Dios en nuestro lugar) una doctrina esencial del cristianismo ortodoxo clásico. Mi visión del «mero cristianismo» se parece a la que todos los cristianos en todo lugar han creído siempre, la cual se denomina Canon Vincenciano. Es transdenominacional y muy básico. Tiene cierto parecido con lo que se llama *Cristianismo básico* en el libro que lleva ese nombre, escrito por el pastor y teólogo inglés John Stott (1921-2011).[6]

Machen entendió bien el cristianismo liberal. Estudió en Alemania bajo el teólogo liberal Wilhelm Herrmann (1846-1922), y no era alguien descuidado cuando se trataba de conocer, entender, y describir correctamente el cristianismo liberal. Llegó a la conclusión de que es tan diferente al cristianismo ortodoxo, histórico y clásico, que no debería considerarse cristiano. Es, argumentaba él, una religión distinta aunque use gran parte del mismo lenguaje que el cristianismo. Una cosa que hizo que el libro de Machen fuera tan famoso e influyente fue que un importante humanista secular de aquella época, el comentarista Walter Lippmann (1889-1974), estuvo de acuerdo públicamente con Machen en que el cristianismo liberal no es cristianismo real, y que los cristianos liberales deberían deshacerse de la etiqueta de *cristiana* y llamar de otro modo a su religión.

Este libro no pretende ser una repetición del libro de Machen, aunque su conclusión podría ser similar. Han cambiado muchas cosas dentro de la tradición cristiana liberal desde 1923, y este libro tomará en cuenta algunos de esos cambios. No son cambios necesariamente para mejor, aunque al menos en un caso un cambio en la tradición la acercó de nuevo al cristianismo

5. J. Gresham Machen, *Christianity and Liberalism* (New York: Macmillan, 1923).
6. John Stott, *Basic Christianity* (Downers Grove, IL: InterVarsity Press, 1958).

ortodoxo. Ese cambio fue la reintroducción de *una* doctrina del pecado universal, una doctrina perdida en gran medida en los tiempos pasados de Machen en el cristianismo liberal.

Soy plenamente consciente (incluso hasta el punto de llegar al nerviosismo) de que algunos lectores potenciales de este libro pueden estar dubitativos porque todavía no he definido lo que *yo* considero cristianismo liberal. Una descripción completa de eso tendrá que esperar; tomará tiempo. Sin embargo, por el bien de aquellos que están planteándose comprar o leer este libro, sé que aquí y ahora debo dar al menos una muestra de lo que está por llegar.

La definición de cristianismo liberal que más consenso tiene es «reconocimiento máximo de las afirmaciones de la modernidad en el pensamiento cristiano acerca de las doctrinas». Esta definición extremadamente breve y ampliamente aceptada la planteó el teólogo histórico Claude Welch en su obra magistral *El pensamiento protestante del siglo XIX*.[7] La «modernidad» es la mentalidad cultural que surgió de la Ilustración y las revoluciones científicas de los siglos XVII y XVIII. En términos generales, comparada con las culturas occidentales previas y contrariamente a muchas culturas no occidentales, la modernidad tiene un marcado tinte secular, o cuanto menos, poco sobrenatural. Coloca una gran fe en el método científico, en la razón, y en el derecho y la responsabilidad de cada individuo de pensar por sí mismo. Se inclina en contra de todo lo que pueda ser sobrenatural, incluidos los milagros, considerándolos con frecuencia supersticiones.

«Reconocimiento máximo de las afirmaciones de la modernidad» no significa estar de acuerdo con todo lo que digan los pensadores modernos. Significa que los cristianos liberales *tienden* a reinterpretar la Escritura, la doctrina, el pensamiento y la experiencia religiosa en términos de modernidad, dándole al

---

7. Claude Welch, *Protestant Thought in the Nineteenth Century* (New Haven, CT: Yale Univ. Press, 1972, 1985).

pensamiento moderno la misma autoridad (si no más) que a la Escritura y la tradición. En la mayoría de los casos, eso significa interpretar la Biblia y el cristianismo de manera no sobrenatural: un cristianismo sin milagros.

Gary Dorrien define el cristianismo liberal como un cristianismo que reconoce que no hay autoridad fuera del yo. El filósofo alemán Immanuel Kant escribió un ensayo titulado «¿Qué es la Ilustración?» (1784) en el que la definió como «pensar por uno mismo». Dorrien parece seguir esa línea de pensamiento y utilizarla como parte de la definición y descripción del cristianismo liberal. El cristianismo liberal, para él, es un cristianismo basado principalmente en la experiencia religiosa del individuo así como sus experiencias culturales sin reconocer ninguna otra autoridad externa, incluida la de la Escritura y la tradición.[8] La mayoría de cristianos liberales, sin embargo, añadirían a la definición de Dorrien que uno debiera tener en cuenta la experiencia religiosa universal humana aunque la autoridad suprema para decidir qué es la verdad se encuentre en el interior de cada individuo. En la mayoría de los casos, esto se traduce en un cristianismo que se ha «emancipado de "la casa de la autoridad"». La autoridad de la Biblia y de la tradición se somete a la autoridad de la razón, la experiencia y la consciencia individuales.

Albert Outler (1908-1989), erudito sobre John Wesley, describió el método teológico de Wesley utilizando la rúbrica de un «cuadrilátero wesleriano» de Escritura, tradición, razón y experiencia. En el esquema de Wesley, la Escritura tiene supremacía sobre la tradición, mientras que la razón y la experiencia se utilizan como herramientas de interpretación.[9] Los cristianos liberales tienden a comenzar la búsqueda teológica de la verdad y la conversación con la razón y la experiencia, y después acuden a

8. Gary J. Dorrien, *The Making of American Liberal Theology: Idealism, Realism, and Modernity, 1900–1950* (Louisville: Westminster John Knox, 2003), xiii.

9. Para un análisis detallado de este cuadrilátero wesleriano, ver Donald Thorsen, *The Wesleyan Quadrilateral: An Introduction* (Lexington: Emeth, 2005).

la Escritura como «nuestras historias sagradas» y a la tradición cristiana como simplemente la historia de la interpretación cristiana de la Escritura y de la experiencia cristiana. Los cristianos conservadores comenzarían con la Escritura como la autoridad suprema sobre todas las cosas, y acuden a la tradición para llenar los huecos y ayudar a interpretar la Escritura a la vez que respetan el uso de la razón y la experiencia como herramientas de interpretación pero carentes de autoridad.

Sería de utilidad ahora permitir que un teólogo cristiano liberal exprese lo que significa la teología liberal, en especial en términos de su diferencia profunda y subyacente de la teología cristiana conservadora y ortodoxa. Nuestro guía es el teólogo cristiano liberal Delwin Brown (1935), quien comenzó a enseñar teología cristiana en una universidad y seminario cristianos conservadores pero que terminó su carrera enseñando en un seminario metodista liberal. Según su opinión, «el liberalismo [en la teología] sostiene que, en cada época, deber reevaluarse y adoptarse un nuevo concepto del parecer acerca de Dios a la luz de nuestros mejores puntos de vista acerca del mundo. El concepto cristiano de Dios debe ser coherente con el resto del conocimiento moderno».[10] Además, «el liberalismo, como mucho... probablemente dirá: "Sin duda, debiéramos honrar la riqueza de nuestro pasado cristiano y apreciar la vasta contribución que hace a nuestras vidas, y finalmente debemos vivir según nuestras mejores conclusiones modernas... nuestro compromiso, mantenido de todos modos de manera provisional y autocrítica, debe estar en los atentos juicios y opiniones de la época presente, incluso si difieren radicalmente de los dictados del pasado".[11] Siempre que existe un conflicto percibido entre la Biblia y/o la tradición cristiana, por una parte, y con «lo mejor del pensamiento moderno», por otra parte, el segundo triunfa sobre el primero. Se produce

10. Clark H. Pinnock y Delwin Brown, *Theological Crossfire: An Evangelical/Liberal Dialogue* (Grand Rapids: Zondervan, 1990), pp. 82–83.

11. Ibid., p. 23.

una admisión respetable, sincera y clara por parte de un teólogo cristiano liberal de la corriente principal.

Como veremos a lo largo de este libro, sin embargo, el asunto está en lo que conlleva «lo mejor del pensamiento moderno». Incluso los eruditos y teólogos cristianos más conservadores relacionan e integran toda la verdad libremente y gustosamente, diciendo que en realidad no puede haber ningún conflicto entre la verdad revelada en la Biblia y la «verdad cierta» que está fuera de la Biblia. Sin embargo, ¿y si lo mejor del pensamiento moderno es solamente una moda o un pensamiento pasajero, una filosofía del momento, una moda cultural? ¿Acaso no nos enseña la posmodernidad que gran parte de lo que se consideraba «verdad establecida» en el pensamiento moderno es ahora cuestionable? Esta pregunta perseguirá al cristianismo liberal a lo largo de este libro. ¿Podría ser que, al ajustar y acomodar el cristianismo a cualquier cosa que requiera la cultura, se está sacrificando el poder profético del cristianismo sobre el altar de la respetabilidad?

La mayoría de los cristianos liberales no son teólogos, y puede que se rebelen contra el énfasis que se hace en los teólogos a lo largo de este libro. El problema está, por supuesto, en que son los teólogos del cristianismo liberal quienes generalmente establecen la agenda para los cristianos liberales. Sus ideas se transmiten y llegan como las ondas hasta iglesias, e influencian las creencias y las vidas de «cristianos comunes»: quienes nunca estudian en un seminario ni escriben libros de teología o pastorean iglesias. Muchas de esas personas no están convencidas por completo del cristianismo liberal pero, a pesar de eso, son guiadas por él, directa o indirectamente, hacia una senda de vida y de pensamiento cristiano que están sujetos a las debilidades y los defectos de la teología liberal señalada en este libro. Ellos tendrán que decidir hasta qué grado les queda bien el zapato, siendo el zapato las ideas teológicas acerca del cristianismo expresadas por teólogos liberales como Brown.

Algunos lectores puede que se pregunten cómo sigue existiendo el cristianismo liberal y si vale la pena escribir en contra de él si la posmodernidad está sustituyendo a la modernidad. ¿Acaso no es «lo mejor del pensamiento moderno» parte de la definición de la teología liberal? Cualquier cosa que sea o llegue a ser la posmodernidad (que todavía se sigue desarrollando), el cristianismo liberal tendrá que ajustarse y acomodarse inevitablemente a lo mejor del pensamiento posmoderno, porque lo que en realidad querían decir (y quieren decir) Brown y otros teólogos liberales es que la teología liberal considera lo mejor de la cultura y el pensamiento *contemporáneos* como autoritativo para la teología cristiana. Eso no se refiere a «adoración contemporánea» o ni siquiera a «intentar ser relevantes para la gente contemporánea». Sin embargo, lo que se considera lo mejor de la cultura y el pensamiento contemporáneos, ya sea moderno o posmoderno, se convierte en la norma suprema para el cristianismo liberal, en especial en términos de desarrollar sus creencias, sus enseñanzas, su enfoque y su misión.

Por lo tanto, ¿qué hay de malo en el cristianismo liberal? Pues bien, ese será en enfoque de este libro: demostrar por qué el verdadero cristianismo liberal es perjudicial, e incluso pernicioso, para el cristianismo verdadero. Por ejemplo, avanzando una parte del argumento, en líneas generales, el cristianismo liberal reduce a Jesucristo a un mero hombre que reveló a Dios a la gente pero que Él mismo no era Dios. Este punto de vista se denomina en ocasiones cristología operativa porque afirma que Jesucristo solamente operaba como Dios pero realmente no era Dios. Eso supone un alejamiento enorme del cristianismo clásico, histórico, bíblico y ortodoxo. Corta el cordón de continuidad con la Biblia y con el cristianismo de antaño y de la Reforma. Incluso el Consejo Mundial de Iglesias ecuménico requiere que las denominaciones que son miembros afirmen que «Jesucristo es Dios y Salvador». Los cristianos liberales tal vez batallan para decir cosas elogiosas acerca de Jesucristo, como por ejemplo, el «rostro humano de

Dios», pero al final y con frecuencia, no pueden llegar a afirmar que Él era ontológicamente (en su mismo ser) Dios encarnado. Las maneras liberales de expresar la singularidad de Jesucristo lo reducen a un hombre diferente en grado pero no diferente en clase y especie de otros hombres sabios religiosos y profetas. Eso abre la puerta ampliamente al pluralismo religioso: la creencia en que hay muchos salvadores y señores, siendo Jesucristo uno de ellos. Esa es una profunda traición al cristianismo verdadero.

A lo largo de este libro sacaremos a la luz muchos más problemas con el cristianismo liberal. Toda clase de grupos religiosos se denominan a sí mismos cristianos y enseñan ideas y prácticas que son totalmente contrarias a todo lo conocido como cristiano por muchos siglos, remontándonos al Nuevo Testamento. En algún punto, el cristianismo liberal traspasó la línea para adentrarse en territorio poco cristiano, al igual que han hecho numerosas sectas a lo largo de los siglos. Si el cristianismo es compatible con cualquier cosa y con todo, no es nada.

La historia del cristianismo liberal en realidad comienza con un grupo conocido como los unitarios. La historia completa, o tanto de la misma como puede relatarse en un libro tan breve como éste, tendrá que esperar al capítulo sobre la historia del cristianismo liberal, pero es adecuado que hagamos una breve introducción. En algún momento a finales del siglo XVII un grupo de hombres y mujeres en Inglaterra y después en Nueva Inglaterra formaron iglesias nuevas basándose en ideas supuestamente iluminadas acerca de la religión, incluido el cristianismo. Llamaron a su movimiento unitarismo, y muchas iglesias congregacionales y algunas bautistas se unieron a la incipiente denominación. En la década de 1820 el movimiento se había vuelto significativo culturalmente. Varios presidentes estadounidenses, comenzando con John Quincy Adams (presidente desde 1825 hasta 1829), han sido unitarios. Los primeros unitarios se consideraban a sí mismos cristianos pero no creían en la Trinidad, la deidad de Jesucristo, ni el infierno. Con el tiempo, otro grupo religioso llamado los universalistas se unió a los unitarios, y la denominación llegó a conocerse como la Congregación de iglesias unitarias-universalistas, que sigue existiendo hoy día. Ahora bien, sin embargo, no es distintivamente cristiana. Los primeros unitarios se consideraban a sí mismos cristianos, pero reconocían sus diferencias radicales con la ortodoxia cristiana tradicional. Al final, muchos sí comenzaron a reconocer que no eran cristianos. Eso fue sincero por su parte.

¿Cuál es el motivo de esa historia acerca de los unitarios? La mayoría de los cristianos liberales que se mantuvieron fuera del movimiento unitario, dentro de las llamadas iglesias protestantes tradicionales, llegaron a creer de modo muy parecido a los unitarios originales. El protestantismo tradicional cambió para permitir esencialmente que las creencias (o incredulidades) unitarias se desarrollaran dentro de sus iglesias y seminarios. Evidentemente, el cristianismo liberal evolucionó mucho más allá de sus inicios con los unitarios de finales de los siglos XVII y principios del XVIII. Aun así, y sin embargo, muchos cristianos liberales en iglesias tradicionales han abandonado sus creencias en la deidad de Jesucristo, la Trinidad, los milagros, y el infierno. La principal diferencia es que ellos no se llamaban y no se llaman a sí mismos unitarios. De modo extraño, el unitarismo temprano nació y creció, en términos de su teología, dentro del protestantismo tradicional en Europa y los Estados Unidos, solo que disfrazándose como auténticamente cristiano. Muchos estadounidenses, y muchos otros, miraban las creencias de la iglesia unitaria-universalista y decían: «Bueno, son personas agradables pero no son cristianos». Sin embargo, las mismas personas no observan que existe la misma teología básica en sus propias iglesias protestantes tradicionales. Los teólogos y líderes del cristianismo liberal debieran ser sinceros y proclamarse unitarios en lugar de cristianos.

Eso suena duro, pero también lo eran las declaraciones de los profetas del Antiguo Testamento acerca de las idolatrías de

Israel. También lo eran las críticas que Jesús dirigió a las personas que controlaban los centros de la religión judía en su época. Y también lo eran los ataques verbales de los apóstoles y de los padres de la iglesia primitiva sobre los falsos cristianos dentro de las iglesias primitiva y de antaño. Sin ninguna duda, los gnósticos que negaban la resurrección corporal se pusieron a la defensiva cuando los apóstoles y los padres de la iglesia los declararon herejes. Ireneo (c. 130-c. 202), obispo del siglo segundo, escribió cinco libros *Contra las herejías*, y es celebrado por ello porque las herejías que él expuso como no verdaderamente cristianas ahora son reconocidas generalmente como falsas. Sin embargo, ¿y en la época actual? ¿Qué dirían Ireneo u otros padres de la iglesia, por no decir nada de los apóstoles, acerca del cristianismo liberal? Estoy convencido de que dirían: «¡Herejía!»

A lo largo de este libro, mi argumento principal será que el cristianismo liberal corta el cordón de continuidad entre sí mismo y el cristianismo bíblico, histórico, clásico y ortodoxo tan completamente, que debiera denominarse a sí mismo con otro término que no sea el de cristiano. El cristianismo bíblico, histórico, clásico y ortodoxo se expresa en los credos aceptados como definitivos para el cristianismo verdadero por cristianos de todas las tradiciones principales: ortodoxos orientales, católico romanos, protestantes tradicionales, e incluso las iglesia de la «Reforma radical» y las «libres». Las verdades expresadas en el Credo de los Apóstoles y el Credo de Nicea han sido aceptadas y enseñadas incluso en iglesias protestantes que se denominan a sí mismas no confesionales.

Antes de avanzar más, quisiera dejar totalmente claro que, al menos para mí aquí, *liberal* no se aplica a creencias o compromisos políticos. Cuando escribo en este libro acerca del liberalismo y los liberales, me refiero solamente al liberalismo teológico y a los teólogos liberales. Este libro no habla sobre política, economía, filosofías sociales, o mera apertura mental a nuevas ideas (por no decir nada de la liberalidad hacia los pobres). En este libro, el tema es únicamente la teología liberal tal como la enseñan hombres y mujeres que afirman hablar y escribir como cristianos. El tema es las doctrinas y enseñanzas de intelectuales y predicadores que afirman ser cristianos pero en realidad no pueden ser cristianos intelectualmente: en términos de su teología. Como demostraré, han cortado el cordón de continuidad de modo tan radical, que lo que enseñan como cristianismo moderno es un cristianismo falsificado, un evangelio falso, apostasía.

Todos los teólogos que uso para representar la teología cristiana liberal afirman ser liberales teológicamente y han escrito acerca de la teología cristiana liberal. Todos ellos son representantes notables de esa tradición, todos aceptan alegremente la etiqueta de *liberal* por sus orientaciones teológicas, y todos son ampliamente reconocidos como representantes prototípicos de la teología cristiana liberal. Son un grupo diverso y a la vez tienen mucho en común, incluido su enfoque básico de la autoridad en la teología, la naturaleza de la teología misma, la naturaleza de Dios y de Jesucristo, el significado de la salvación, la no realidad de los milagros, y la autoridad de la modernidad, la cultura de la Ilustración, y (supuestamente) la ciencia moderna.

1

LA TRADICIÓN CRISTIANA LIBERAL Y SU TEOLOGÍA

En este capítulo escribiré acerca de predicadores y teólogos que se consideraban (y se consideran) a sí mismos cristianos, pero a quienes no puedo considerar auténticamente cristianos debido a sus alejamientos radicales del cristianismo tradicional, bíblico y ortodoxo. Los llamaré simplemente liberales, teólogos liberales, o cristianos liberales. Ocasionalmente, mencionaré a uno o dos (o algunos) que son considerados ampliamente liberales teológicamente a quienes yo no considero que sean tales.

Por ejemplo, en su conjunto magistral de tres volúmenes, *The Making of Liberal Theology: Imagining Progressive Religion* [La creación de la teología liberal], Gary Dorrien incluye como teólogo cristiano liberal al pastor estadounidense Horace Bushnell (1802-1976). Dorrien dedica uno de sus capítulos más largos a ese pastor y teólogo congregacional de Nueva Inglaterra. He estudiado y escrito acerca de Bushnell y no considero que sea verdaderamente liberal hablando teológicamente; lo considero un cristiano genuino y el principal defensor de la ortodoxia progresista, lo cual no es teología liberal. Bushnell presentó en sus escritos y sermones nuevas interpretaciones de doctrinas ortodoxas, pero no cortó el codón de continuidad entre su propia teología y la ortodoxia cristiana histórica y clásica. Dorrien admite la ortodoxia de Bushnell pero lo incluye en *The Making of Liberal Theology* porque sus discípulos llegaron mucho más allá al reinterpretar el cristianismo y llegar a ser liberales teológicamente. Bushnell es para mí un buen ejemplo de un cristiano cuya teología fue progresista pero no liberal.

Entonces, ¿quiénes son los prototipos de la teología cristiana liberal? Y ¿cómo comenzó y progresó la teología cristiana liberal? El primer teólogo verdaderamente liberal, el fundador del cristianismo liberal, el principal prototipo de la tradición, fue Friedrich Schleiermacher (1768-1834), pastor, educador, intelectual público y teólogo alemán. Es considerado casi universalmente como el fundador de la teología liberal. Hubo pensadores liberales que se consideraban a sí mismos cristianos antes de Schleiermacher, pero él fue un «príncipe de la iglesia», tomando prestado el título de un libro del teólogo Brian Gerrish de la Escuela de Divinidades de la Universidad de Chicago.[1] Los pensadores cristianos liberales anteriores a Schleiermacher no eran hombres de iglesia, pastores o teólogos del mismo modo que él. Antes de Schleiermacher, se creían y se enseñaban muchas de las mismas ideas por deístas y unitarios, por ejemplo; sin embargo, Schleiermacher fue un ministro destacado de la Iglesia Unión Prusiana, la iglesia estatal de Prusia, un híbrido entre reformada y luterana.

---

1. Brian Gerrish, *A Prince of the Church: Friedrich Schleiermacher and the Beginnings of Modern Theology* (Eugene, OR: Wipf and Stock, 2001). Este libro consiste en las conferencias de Rockwell dadas en la Universidad Rice cuando yo era alumno allí; escuché estos capítulos-conferencias y después leí el libro. Es la mejor introducción breve a Schleiermacher y su teología; sin embargo, he leído numerosos libros de Schleiermacher y también acerca de él, he dado conferencias sobre la teología de Schleiermacher, y he escrito capítulos sobre ella en *Twentieth-Century Theology: God and the World in a Transitional Age*, en coautoría con Stanley J. Grenz (Downers Grove, IL: InterVarsity Press, 1992), y en *The Journey of Modern Theology: From Reconstruction to Deconstruction* (Downers Grove, IL: InterVarsity Press, 1999).

Con Schleiermacher apareció algo nuevo. Con Schleiermacher nació el cristianismo liberal; sin embargo, él hizo nacer una nueva especie y no cristianismo auténtico. Liberales posteriores se apoyan en los hombros de Schleiermacher o, para cambiar de metáfora, siguen la senda que él forjó. Quienes lo siguieron no están todos ellos de acuerdo en los detalles, pero todos coinciden con su enfoque básico: expresar el cristianismo en un idioma moderno.

Schleiermacher creció en un hogar cristiano devoto, asistía a una iglesia pietista, y estudió en una universidad pietista, pero se apartó radicalmente de esa tradición, para consternación de su padre. Los pietistas eran cristianos ortodoxos que hacían hincapié en la conversión personal, en «nacer de nuevo» y tener una relación personal con Jesucristo.[2] Los pietistas eran y son cristianos evangélicos que combinan la creencia cristiana bíblica y ortodoxa con la espiritualidad cristiana cálida y bondadosa. A su padre, quien expresó una fuerte decepción por las nuevas ideas de su hijo acerca del cristianismo, Schleiermacher escribió (en una carta) que seguía siendo pietista pero «de un orden más elevado».[3]

A Schleiermacher le preocupaba que muchas de las élites instruidas y cultivadas de Berlín, donde él vivía, pensaran que ser religioso y especialmente cristiano estaba en conflicto con ser ilustrado, moderno y sofisticado (en el sentido más verdadero y mejor). A ellos les escribió una inmensa apologética para la religión titulada *Sobre la religión: Discursos a sus menospreciadores cultivados* (1799). En ella argumentaba que la religión es «consciencia de Dios», y todo el mundo tiene cierto grado de esa «sensación de total dependencia de Dios». Equiparaba la religión con la consciencia de Dios. Más adelante escribió una inmensa

2. Para saber más sobre el pietismo, ver Roger E. Olson y Christian T. Collins Winn, *Reclaiming Pietism: Retrieving an Evangelical Tradition* (Grand Rapids: Eerdmans, 2015).

3. James C. Livingston, *The Enlightenment and the Nineteenth Century*, vol. 1 of *Modern Christian Thought*, 2nd ed. (Upper Saddle River, NJ: Prentice Hall, 1997), p. 94.

teología sistemática titulada *The Christian Faith* [La fe cristiana] (1830), en la cual expresaba la teología liberal, transformando drásticamente el cristianismo desde la ortodoxia hasta una forma aceptable para las personas modernas e ilustradas. Por ejemplo, definía a Jesucristo como el hombre plenamente consciente de Dios y negaba su deidad ontológica, su preexistencia y su encarnación. También negaba la resurrección corporal de Jesús, los milagros, y la segunda venida en el futuro. El origen fundacional de su teología fue, primeramente y sobre todo, la experiencia cristiana de Jesucristo como redentor por medio de la iglesia, la comunicación de Jesús de su propia consciencia de Dios a los cristianos.

Nadie que esté un poco familiarizado con Schleiermacher dudaría de su espiritualidad, de su naturaleza profundamente religiosa, de su entusiasmo por Jesucristo como una persona viviente, o de su amor por Dios y por la iglesia; sin embargo, nadie que esté un poco familiarizado con su teología podría dudar que él rompió el cordón de continuidad entre sus formulaciones doctrinales y la ortodoxia. Relegó la Trinidad a ser un apéndice en *La fe cristiana* y la expresó como tres personas diferentes de la Deidad eterna. Como mencionamos anteriormente, hubo precursores de la teología liberal antes de él, pero Schleiermacher casi sin ayuda de nadie fundó la nueva tradición conocida como teología liberal.

Avancemos 200 años hasta el teólogo liberal contemporáneo Douglas Ottati, teólogo presbiteriano estadounidense y autor de varios libros, entre los que se incluye la masiva teología sistemática *A Theology for the Twenty-First Century* [Teología para el siglo XXI] (2020).[4] Aunque hay diferencias significativas en detalles y expresiones, la teología de Ottati continúa la tradición básica de Schleiermacher. Cualquiera que lea *La fe cristiana* de Schleiermacher y después lea *Teología para el siglo XXI* de Ottati

4. Douglas F. Ottati, *A Theology for the Twenty-First Century* (Grand Rapids: Eerdmans, 2020).

no puede pasar por alto las similitudes. Por ejemplo, Ottati etiqueta a Jesucristo como el hombre lleno de Dios, refiriéndose a que Jesús tenía la experiencia paradigmática *humana* de Dios. Al igual que Schleiermacher, Ottati relega la Trinidad a un apéndice y describe las tres personas de la Trinidad como tres *maneras* en que los cristianos experimentan a Dios. Schleiermacher y Ottati, separados casi por dos siglos, tratan la experiencia cristiana de Dios como el origen principal y la norma de la teología y la doctrina cristiana. Y ambos permiten que lo que entienden que es lo mejor de la cultura moderna, en especial la filosofía y las ciencias, determine lo que pueden creer los cristianos iluminados.

Entre Schleiermacher y Ottati se encuentran multitud de teólogos liberales que se consideraban a sí mismos cristianos modernos y que están generalmente considerados como grandes pensadores e influyentes cristianos. Lo que destaca acerca de todos ellos es su compromiso a reconstruir las creencias cristianas en términos de modernidad, el ampliamente secular *zeitgeist* («espíritu de la época») occidental que surge de la Ilustración y la revolución científica. Antes de describir a algunos de los principales pensadores liberales y sus aportaciones únicas a la teología liberal, será útil desarrollar algunas opiniones importantes de eruditos acerca de la tradición teológica liberal que surge de Schleiermacher.

Gary Dorrien es, con mucha diferencia, el historiador más sagaz y más ampliamente considerado de la tradición cristiana liberal. Dorrien dice: «Los pensadores cristianos liberales han argumentado que la religión debería ser interpretada desde el punto de vista del conocimiento y la experiencia modernos».[5] Hace hincapié en el rechazo que la teología liberal expresa a la autoridad externa y su dependencia de la autoridad del yo, incluso en

5. Gary J. Dorrien, *The Making of American Liberal Theology: Imagining Progressive Religion, 1805–1900* (Louisville: Westminster John Knox, 2001), xiii. Este es el primero de los tres volúmenes; cada uno tiene su propio título bajo el título general de *The Making of American Liberal Theology*.

la religión e incluso en el cristianismo. Según Dorrien, aunque ha habido y hay variedades de cristianismo liberal y teología liberal, hay algo que las integra como una sola tradición:

> De una forma o de otra, la teología liberal siempre tomó su posición en los veredictos del conocimientos y la experiencia modernos sin postrarse a las afirmaciones de la autoridad externa… [los teólogos liberales] aceptaron las premisas naturalistas de la historiografía moderna y la validación modernista del conocimiento objetivo. Se especializaron en la acomodación cultural y el progresismo religioso. Todo teólogo liberal buscó alinear las afirmaciones cristianas con las creencias derivadas de la consciencia crítica moderna y, así… dio por sentado que la autoridad de la razón hace que los aspectos míticos del cristianismo sean problemáticos para la teología moderna.[6]

Dorrien añade: «Toda la teología liberal estadounidense ha sido modernista... lo cual se refiere al desplazamiento de las normas del evangelio por medio de una cosmovisión moderna».[7]

¿Qué «normas del evangelio» y qué «aspectos míticos del cristianismo» ha considerado la teología liberal problemáticos y ha desplazado (o reemplazado)? Como mostraré en los capítulos doctrinales (comenzando con el capítulo 3), incluyen la Biblia como la Palabra de Dios inspirada de modo sobrenatural; Dios como ser personal por encima de la naturaleza, soberano, omnipotente e inmutable; la Trinidad como tres personas eternas y diferentes unidas por una esencia o sustancia; Jesucristo como Dios el Hijo, igual al Padre, diferente en clase y no solo en grado de otros humanos, Dios encarnado y sin embargo verdaderamente humano, el único salvador de la humanidad; los milagros, incluida la resurrección corporal de Jesucristo; y la salvación como el

6. Gary J. Dorrien, *The Making of American Liberal Theology: Idealism, Realism, and Modernity, 1900–1950* (Louisville: Westminster John Knox, 2003), p. 534.

7. Ibid., p. 16.

rescate amoroso y misericordioso de Dios de personas pecadoras del infierno para llevarlas a una relación eterna de dichosa comunión con Él mismo en el cielo. (Todos los teólogos liberales niegan el infierno excepto como carencia de la consciencia de Dios, y creen en la salvación universal, tal como definen la *salvación*). Más adelante daré ejemplos de escritos de destacados teólogos liberales para confirmar sus negaciones comunes de estas creencias cristianas ortodoxas como incompatibles con la razón y la experiencia moderna.

Conceptos y términos como *resurrección* se utilizan con frecuencia por parte de los teólogos liberales y sus seguidores cristianos, pero una interpretación detallada revela que no se refieren a acontecimientos históricos y reales. Estos términos se convierten en meros símbolos. Esta perspectiva se denomina realismo simbólico. La resurrección de Jesús se considera un símbolo que representa el poder transformador continuado de su vida y su mensaje. En el realismo simbólico, un símbolo tiene el poder para transformar con o sin alguna conexión con un acontecimiento real, ya sea pasado, presente, o futuro. El conocimiento moderno supuestamente hace que la creencia en los milagros sea imposible para quienes «son conocedores» acerca de la naturaleza y la ciencia, pero alguien conocedor puede seguir hablando de un milagro en un sentido simbólico, como una imagen con el poder para transformar. Prácticamente todos los teólogos liberales y sus seguidores cristianos afirman la resurrección de Jesús pero niegan el sepulcro vacío. Para ellos, la resurrección es un símbolo real: una potente imagen que es algo más que una mera señal.[8]

Indudablemente, algunos símbolos tienen poder para transformar. Ese no es el problema con el realismo sistemático. El

---

8. El teólogo liberal Paul Tillich (1886-1965) se especializó en subrayar la diferencia entre un símbolo y una señal. Un símbolo tiene poder para transformar; una señal no lo tiene. Ver Paul Tillich, *Systematic Theology: Three Volumes in One* (Chicago: Univ. of Chicago Press, 1967), p. 239.

problema es la desconexión entre importantes símbolos cristianos y la historia. Con frecuencia, el símbolo se convierte tan solo en una imagen y no está relacionado de ningún modo con algún acontecimiento histórico, a excepción tal vez de uno espiritual-psicológico. La resurrección corporal de Jesucristo, como se relata en el Nuevo Testamento, es negada prácticamente por todos los teólogos liberales, quienes la consideran imposible desde un punto de vista moderno, racional y científico. (Es curioso por qué sería ese el caso. Nada acerca de la ciencia moderna descarta los milagros si es que alguien cree en Dios como el autor y sustentador de la naturaleza. Las leyes de la naturaleza fueron interpretadas por los fundadores de la ciencia moderna como Johannes Kepler e Isaac Newton como regularidades de la providencia general de Dios). El cristianismo ortodoxo, sin embargo, no niega el poder de los símbolos; lo que sí niega es que algunos símbolos cristianos puedan ser poderosos sin estar arraigados en acontecimientos históricos fuera de experiencias espirituales interiores o estados psicológicos de individuos o grupos.

Schleiermacher lanzó el cristianismo liberal y la teología liberal. ¿Quién lo siguió? ¿Quiénes son los otros prototipos de la tradición? Tras Schleiermacher llegó Albrecht Ritschl, otro destacado teólogo protestante alemán (1822-1889), cuya influencia condujo a toda una escuela de teólogos y pastores liberales catalogados como ritschilianos. Ritschl escribió numerosos libros de teología y de historia de la iglesia, entre los que se incluye, más notablemente, *La doctrina cristiana de la justificación y reconciliación* (1870). Ritschl utilizó la filosofía del pensador alemán Immanuel Kant (1724-1804) para distinguir entre «hechos» y «valores», y Ritschl relegó la religión al ámbito de los valores. El cristianismo no trata acerca de hechos sino de valores (lo que debiera ser el caso), especialmente los valores del reino de Dios tal como los expuso Jesús. Finalmente, Ritschl no tuvo éxito en trazar una línea absoluta entre hechos y valores, pero puso en movimiento la tendencia teológica liberal de reducir el cristianismo (y la religión en general) a la ética. Enseñaba que el cristianismo trataba principalmente acerca del reino de Dios en la tierra, una sociedad organizada por el amor.

Las doctrinas y dogmas tradicionales y ortodoxos ocuparon un segundo lugar en la teología de Ritschl. Cuando aparecían doctrinas históricas, eran reconstruidas para hacerlas encajar en las sensibilidades modernas. Él creía que la Biblia no es la Palabra de Dios inspirada y escrita, sino el registro «del círculo de ideas apostólicas» que señala hacia una vida ética en el reino de Dios en la tierra y para él, en la sociedad. Un ejemplo destacado de su liberalismo en la teología es su definición de Jesucristo, en la cual enseñaba que, cuando los cristianos dicen que Jesús es Dios, se refieren a que Jesús tiene el *valor de Dios* para ellos porque inauguró y personificó los valores del reino de Dios entre la gente.

Ritschl era un pensador difícil y complicado cuyos escritos dieron lugar a muchas interpretaciones populares. Uno de sus intérpretes más sagaz e influyente fue el teólogo liberal alemán e historiador de la iglesia Adolf Harnack (1851-1930). Harnack enseñó teología en Alemania por muchos años, y era un intelectual público que escribió el discurso del Kaiser Wilhelm anunciando la guerra en 1914. Un edificio público en Berlín lleva su nombre. El Kaiser le concedió el derecho a incluir «von» en su nombre, de modo que se convirtió en Adolf von Harnack, indicando un grado de nobleza. Los discursos que dio en la Universidad de Berlín (1899-1900) fueron publicados con el título en español de *La esencia del cristianismo* (el título en alemán es diferente). Según Harnack, la totalidad del cristianismo puede resumirse en tres ideas sencillas: «En primer lugar, el reino de Dios y su venida. En segundo lugar, Dios el Padre y el valor infinito del alma humana. En tercer lugar, la justicia más elevada y el mandamiento del amor».[9] Está claro por el contexto que Harnack no creía que el

---

9. Adolf von Harnack, *What Is Christianity?* trad. Thomas Bailey Saunders, 2nd ed. (New York: Putnam, 1901), p. 55.

reino de Dios es celestial, sobrenatural o futuro sino natural y dentro de la historia humana. El reino es, según explicaba él, «el gobierno del Dios santo en los corazones de los individuos; es *Dios mismo en su poder*. Desde este punto de vista, todo lo que es drástico en el sentido externo e histórico se ha desvanecido; y también se han esfumado todas las esperanzas externas para el futuro».[10]

En conjunto, Ritschl y Harnack introdujeron a la corriente de la teología liberal la tendencia a reducir la religión a la ética, en especial a la ética social: el reino de Dios como el orden social ideal organizado por el amor. Estos fueron los fundadores alemanes de lo que llegó a conocerse en los Estados Unidos como el evangelio social, cuyos principales pensadores, predicadores y defensores representativos fueron Washington Gladden (1836-1918), Walter Rauschenbusch (1861–1918), y Harry Emerson Fosdick (1878–1969). Gladden escribió *Present Day Theology* [Teología moderna] (1913), entre otros clásicos del cristianismo liberal estadounidense, en el cual continuaba la influencia de Ritschl y Harnack al centrar el cristianismo moderno en la idea del reino de Dios como transformación social. Rauschenbusch escribió tres libros principales que se volvieron muy populares e influyentes entre los cristianos liberales, aunque él era bastante evangélico al menos en su experiencia religiosa personal y sus compromisos. Su libro más importante fue *Una teología para el evangelio social* (1917), en el cual reinterpretó cada doctrina ortodoxa a la luz del progresismo social. Fosdick fue pastor de dos iglesias, incluida Riverside en Ciudad de Nueva York, y enseñó teología en el Union Theological Seminary. Fue, con mucha diferencia, el defensor más influyente de la teología liberal en los Estados Unidos durante la primera mitad del siglo XX.

Aunque escribió muchos libros, quizá es más conocido por su sermón publicado «¿Ganarán los fundamentalistas? O el nuevo

10. Ibid., pp. 60–61, cursivas en el original.

conocimiento y la fe cristiana» (1922). Fosdick clamó en contra del fundamentalismo sin insistir en la teología liberal, pero claramente creía que las doctrinas clásicas y ortodoxas eran opcionales para los cristianos. Expresó la idea básica y unificadora del cristianismo liberal proclamando que «debemos... ser capaces de pensar nuestra fe cristiana con bastante claridad en términos modernos».[11]

Otro teólogo liberal estadounidense del siglo XX de la escuela de Ritschl fuer Henry Churchill King (1858-1934), presidente de la Universidad de Oberlin desde 1902 hasta 1927. King escribió, entre otros libros de teología liberal, *Reconstruction in Theology* [Reconstrucción en la teología] (1901), en el cual declaró que «la aceptación de ciertas convicciones importantes de nuestra propia época llama a reescribir la teología: una nueva teología».[12] Más indicativa de sus inclinaciones teológicas liberales es su descripción de Jesucristo como «el Ideal realizado»[13] y «la autorrevelación suprema de Dios».[14] Aunque ambas son descripciones verdaderas de Jesucristo según el cristianismo ortodoxo, son insuficientes. En ningún lugar confiesa King la deidad de Jesucristo en términos ortodoxos como Dios encarnado.

Tal vez a estas alturas algunos lectores se pregunten: «Yo nunca he oído nada de estas personas; entonces, ¿cómo pueden ser importantes para mí?» La respuesta es que todos somos influenciados por personas de las que nunca hemos oído. Estos teólogos liberales del pasado, y el resto que queda por mencionar, presentaron ideas que llegan hasta sermones y libros religiosos populares además de la religión de la gente (incluido el cristianismo de la gente). En ocasiones, estas ideas que se infiltran son parciales y no parte de un paquete de teología liberal; sin embargo, incluso una idea liberal, como que Jesucristo no

11. Harry Emerson Fosdick, *Shall the Fundamentalists Win? Or The New Knowledge and the Christian Faith* (1922; New York: Crossreach, 2016), p. 6.
12. Henry Churchill King, *Reconstruction in Theology* (New York: Macmillan, 1901), p. 29.
13. Ibid., p. 245.
14. Ibid., p. 243.

era divino de la misma forma que Dios, puede servir como un poco de levadura que leuda toda la masa de una denominación o congregación cristiana, un ministerio o incluso una mente cristiana. Hace años atrás visité una megaiglesia protestante tradicional y escuché un sermón que reconocí como tomado de la teología del teólogo liberal Paul Tillich. Dudo que alguno de los congregantes hubiera oído nunca de Tillich, y el predicador nunca mencionó su nombre, pero todo el sermón provenía directamente de la teología liberal de Tillich. En incontables ocasiones he reconocido teología liberal que se comunica implícitamente por medio de un sermón, un libro religioso popular, o incluso un cliché. Incluso los cristianos ortodoxos son influenciados sin saberlo por la teología liberal.

La Primera Guerra Mundial doblegó el optimismo de la teología liberal europea del siglo XIX, la cual había esperado que el reino de Dios amaneciera mediante el evangelio social y la transformación social progresiva. La teología liberal estadounidense tuvo que esperar hasta la Segunda Guerra Mundial para experimentar el mismo sometimiento. Después de las dos guerras mundiales, los cristianos liberales ya no esperaban que el reino de Dios viniera a la tierra mediante los esfuerzos sociales de la iglesia. Su optimismo fue sacudido, pero los otros dogmas del cristianismo liberal siguieron firmes.

El teólogo liberal destacado del siglo XX fue Paul Tillich. Su influencia podría compararse con la de Schleiermacher, aunque Tillich se apoyó en los hombros de Schleiermacher. Una diferencia importante es que Schleiermacher se inspiró fuertemente en el Romanticismo en su reconstrucción del cristianismo, mientras que Tillich denominó al existencialismo la «buena suerte» del cristianismo en las épocas posteriores a las guerras en Europa y los Estados Unidos. Tillich comenzó su carrera teológica en Alemania pero escapó de los nazis a los Estados Unidos, donde enseñó en el Seminario Union Theological, la Universidad de Harvard, y la Escuela de Divinidades de la Universidad de

Chicago. Tillich escribió numerosos libros, pero su obra maestra fue Teología Sistemática.[15] En él describió la tarea de la teología como «correspondencia» con la cultura y la filosofía, otorgando a la filosofía un papel controlador en la interpretación de los símbolos del cristianismo. Negó que Jesucristo tuvo que haber existido como la persona descrita en los Evangelios, e insistió en que alguien que personificara el «nuevo ser», pero no necesariamente Jesús, tenía que estar detrás de las historias del evangelio. Negó que Jesucristo, quienquiera que fuera, resucitó corporalmente de la muerte. En cambio, Tillich interpretó la resurrección como la «restitución» de la fe de los discípulos en el mensaje de Jesucristo, un mensaje con el que todo el mundo es capaz de superar la desesperanza al entender que somos aceptados por Dios, quien Él mismo es Ser.

Además de la teología de Tillich llegó la teología del proceso, que se inspiró con fuerza en la filosofía de Alfred North Whitehead (1861-1947). Su principal defensor estadounidense fue el teólogo metodista John Cobb (1925), autor de numerosos libros de teología liberal y cristianismo liberal. Cobb y otros teólogos del proceso reconstruyeron el cristianismo para que fuera compatible con el naturalismo: la cosmovisión que sostiene que la naturaleza es todo lo que hay. En la teología del proceso, Dios es una dimensión profunda de la naturaleza, guiándola, y especialmente a los humanos, hacia materializaciones mayores de belleza y armonía. El teólogo luterano Robert Jenson dijo en tono de broma que lo único equivocado con la teología del proceso es que es una alternativa muy atractiva para la fe cristiana, porque la teología del proceso niega la omnipotencia de Dios, reduciendo a Dios a ser el gran persuasor cósmico hacia la belleza y la armonía. Según la teología del proceso, Dios es «el compañero sufridor» que comprende (Whitehead), pero Dios puede cambiar cosas solamente mediante la persuasión. En última instancia,

---

15. Paul Tillich, *Systematic Theology*, 3 vols. (Chicago: Univ. of Chicago Press), pp. 1951–63.

todo lo que existe, incluida la propia experiencia interior de Dios, depende de las libres materializaciones de las criaturas de «las metas iniciales» de Dios. El atractivo de la teología del proceso es que resuelve el viejo problema del mal al robar a Dios el poder coercitivo; Dios solamente puede persuadir, no puede causar o evitar. Los teólogos del proceso no creen en los milagros, incluida la resurrección corporal de Jesucristo o la inspiración y la autoridad de la Biblia, aunque expresan respeto por la Biblia como historias sagradas para los cristianos.

Otros teólogos liberales estadounidenses de influencia incluyen al metodista L. Harold DeWolf (1905–86), Peter C. Hodgson (1934), Donald E. Miller (1946), John Shelby Spong (1931–2021), y Marcus Borg (1942–2015). Los cinco han escrito libros influyentes, y Spong y Borg aparecen en varios videos de YouTube debatiendo con cristianos conservadores acerca de la historicidad de la resurrección de Cristo y conversando acerca de la teología liberal versus la teología conservadora. Spong y Borg son casi con toda seguridad los defensores más influyentes de la teología liberal entre los cristianos en las últimas cuatro a cinco décadas. Spong, como obispo episcopal retirado, se forjó una carrera profesional tardía apareciendo en programas de entrevistas en televisión y radio para echar por tierra la religión conservadora y fomentar su propia rama de cristianismo liberal.

Dos intérpretes destacados del cristianismo liberal estadounidense, aparte de Dorrien, son los ya mencionados Kenneth Cauthen (1930) y William R. Hutchison (1930–2005). Ambos escribieron en destacados estudios de teología liberal estadounidense. Cauthen escribió *The Impact of American Religious Liberalism* [El impacto del liberalismo religioso estadounidense] (1962), y Hutchison escribió *The Modernist Impulse in American Protestantism* [El impulso del modernismo en el protestantismo estadounidense] (1976). Cauthen escribió del liberalismo en la religión y la teología que es «una perspectiva teológica diferente, dentro de la cual hay divergencias de énfasis con respecto al método y el contenido».[16] Sin embargo, también escribió acerca de ciertas perspectivas unificadoras entre liberales teológicos-religiosos, en especial su énfasis en la inmanencia de Dios y la negación de «revelaciones milagrosas especiales».[17] Cauthen destacó también las perspectivas de la religión liberal sobre Jesucristo como «la perfección de la personalidad humana», de modo que su «divinidad es su humanidad perfecta».[18] Según Cauthen, estos y otros temas unen las creencias cristianas liberales a pesar de las diferentes perspectivas sobre algunos asuntos menores.

Hutchison identificó «tres ideas modernistas perdurables» en el cristianismo liberal: intervención cultural, adaptacionismo, e inmanencia divina.[19] Las dos primeras se refieren a la insistencia de la teología liberal en acomodar el cristianismo al modernismo. La tercera se refiere al énfasis distintivo de la teología liberal en la presencia de Dios en los procesos del mundo contrariamente a la trascendencia de Dios sobre él. El cristianismo clásico y ortodoxo siempre ha hecho hincapié en la inmanencia y la trascendencia de Dios, la presencia de Dios dentro del mundo y su intervención en él, incluida la naturaleza, *y* la sagrada otredad de Dios, su libertad, soberanía y poder. La teología liberal hace hincapié en lo primero abandonando lo segundo.[20]

Cauthen y Hutchison, junto con Dorrien, siguen siendo tres de los expositores más sagaces e influyentes del cristianismo liberal moderno, y sus ideas cuidadosas, relativamente objetivas y bien investigadas acerca de esa tradición religiosa siguen siendo influyentes a la hora de comprender la unidad y diversidad de la tradición. Aunque ninguno de ellos argumenta que el cristianismo liberal no es cristianismo auténtico, los cristianos ortodoxos

---

16. Kenneth Cauthen, *The Impact of American Religious Liberalism*, 2nd ed. (1962; Lanham, MD: Univ. Press of America, 1983), p. 209.

17. Ibid., pp. 209, 210.

18. Ibid., p. 211.

19. William R. Hutchison, *The Modernist Impulse in American Protestantism* (New York and Oxford: Oxford Univ. Press, 1976), p. 311.

20. Ver capítulo 4 siguiente para saber más sobre la doctrina de Dios.

que leen sus libros no pueden evitar llegar a la conclusión de que el cristianismo liberal que ellos describen es una religión totalmente diferente al cristianismo ortodoxo, tal como argumentó Machen en 1923 en *Cristianismo y liberalismo*.[21]

La conclusión de todo esto es sencilla: el cristianismo liberal es una religión nueva y relativamente unida que surge de cristianismo ortodoxo y que, al igual que sectas como el mormonismo, la ciencia cristiana y los testigos de Jehová, se desarrolla a partir de él. Al igual que esta rama de cristianos, el cristianismo liberal rompió el cordón de continuidad con el cristianismo del Nuevo Testamento, el cristianismo de antaño (de los padres de la iglesia), el cristianismo de la Reforma, e incluso el cristianismo católico y ortodoxo oriental. El liberalismo es para el cristianismo contemporáneo lo que el gnosticismo fue para el cristianismo del siglo segundo: una religión alternativa al cristianismo verdadero.

21. Hutchison habla especialmente del libro de Machen y el sorprendente acuerdo con su argumento por parte del intelectual público y humanista secular Walter Lippmann. Según Hutchison: «Lo que hizo del liberalismo "otra religión"», para Machen, «fue, por encima de todo, su incredulidad en los acontecimientos sobrenaturales de Cristo» (Hutchison, *Modernist Impulse in American Protestantism*, p. 265).

2

LAS FUENTES Y NORMAS DE LA TEOLOGÍA LIBERAL

Mirar lado a lado al cristianismo liberal y el cristianismo ortodoxo es como comparar manzanas y naranjas, o seres humanos y orangutanes. Hay ciertas similitudes, pero son especies diferentes. Tanto las manzanas como las naranjas son frutas; los seres humanos y los orangutanes son primates; sin embargo, a pesar de todas sus similitudes, no son iguales. Un ejemplo mejor probablemente sería el Consejo Mundial de Iglesias, que es una organización extremadamente diversa pero sigue afirmando que Jesucristo es Dios y salvador, y la Iglesia de Jesucristo de los Santos de los Últimos Días, para quienes Jesucristo es Dios y salvador pero no Dios eterno. A primera vista parecen pertenecer a la misma especie, pero por debajo del lenguaje similar se refieren a cosas diferentes.[1] Y la diferencia más profunda entre el

1. He leído mucha de la literatura de los Santos de los Últimos Días y he participado en diálogos con eruditos de la religión de los Santos de los Últimos Días en la Universidad Brigham Young en varias ocasiones. También he invitado a directores de Institutos de Religión de los Santos de los Últimos Días a mis clases a lo largo de los años. Cuando les pregunté directamente si creían que Jesucristo siempre ha sido Dios, eternamente igual con el Padre, ellos lo han negado uniformemente. Pregunté a una oficial del Consejo Nacional de Iglesias si la Iglesia de Jesucristo de los Santos de los Últimos Días es o podría

cristianismo ortodoxo y el cristianismo liberal tiene que ver con sus diferentes fuentes y normas para su creencia.

Nunca he leído o escuchado la diferencia básica entre el cristianismo ortodoxo y el cristianismo liberal expresada con más claridad y precisión que por el teólogo liberal Delwin Brown, a quien cité en la introducción. Según Brown, la principal diferencia entre el cristianismo ortodoxo y el cristianismo liberal tiene que ver con diferentes autoridades para la creencia. La autoridad principal del cristianismo liberal para la creencia es «el consenso moderno», con el cual Brown se refiere a «la razón, experiencia sensorial, la intuición... y praxis» contemporáneas, y no la Biblia. Él escribió: «Para resumir mi perspectiva, la Biblia no es el criterio de la verdad... La Biblia no "nos modela", aunque sí nos forma».[2] Clark Pinnock, un teólogo cristiano ortodoxo, respondió que el problema principal con la teología liberal es «su aparente disposición a romper con la proclamación fundacional... Deja la puerta abierta a reducir y distorsionar la Palabra de Dios bajo la presión de las ideas modernas».[3] Brown respondió a la defensa ortodoxa de la Biblia que hizo Pinnock como la fuente y norma supremas del cristianismo para creer diciendo: «No creo que nadie debería creer nunca cualquier cosa simplemente porque esté en la Biblia».[4]

La postura de Brown sobre la autoridad de la Biblia se hace eco de la de Schleiermacher y la de cada teólogo liberal que he mencionado hasta aquí. Cada una de ellas se expresa de modo diferente, pero todas concuerdan en que la Biblia «nos modela» en lugar de ser nuestra principal fuente y norma para creer. ¿Qué

---

ser una denominación miembro, y ella lo negó. Cierto es que algunas personas estarán en desacuerdo conmigo acerca de esto, pero que los Santos de los Últimos Días no son cristianos (¡lo cual no es un juicio acerca de su salvación!) es mi opinión considerada y basada en mucha reflexión y estudio.

2. Clark H. Pinnock y Delwin Brown, *Theological Crossfire: An Evangelical/Liberal Dialogue* (Grand Rapids: Zondervan, 1990), pp. 28, 29.

3. Ibid., p. 36.

4. Ibid., p. 109.

significa eso? Es de esperar que se irá esclareciendo a medida que avancemos en esta exposición y crítica del cristianismo liberal. Por ahora, sin embargo, diré que, para mí, significa que la Biblia nos da ciertos símbolos e imágenes que moldean nuestro carácter cristiano, pero no es la autoridad suprema para las creencias acerca de Dios, la humanidad, la salvación, el futuro, y otras ideas religiosas cruciales. Por encima de la Biblia y la tradición cristiana ortodoxa está la experiencia contemporánea y moderna percibida, en especial de los eruditos, muchos de ellos humanistas seculares.

Éste es un lugar apropiado para detenernos a discutir sobre el tema de los hechos que surgen de la investigación científica versus lo que leemos en la Biblia acerca de la naturaleza. Prácticamente todos los cristianos ortodoxos modernos están de acuerdo en que, si algo es verdad, un hecho establecido, no puede negarse. «No me confundas con los hechos; mi mente ya está decidida» puede que sea una declaración que apela a los cristianos anti-intelectuales (¡y he oído declarar eso a la conclusión de más de un sermón!), pero no es una actitud viable hacia los hechos verdaderos (en contraposición con meras teorías u opiniones). Si algo es un hecho bruto y material, cualquiera que pueda ser su fuente o su origen, pertenece a Dios. «Toda verdad es la verdad de Dios» es una creencia fundamental del cristianismo ortodoxo que se remonta a los padres de la iglesia.[5] Un teólogo evangélico y conservador como Bernard Ramm (1916-1992) ha argumentado persuasivamente en libros como *The Christian View of Science and Scripture* [La perspectiva cristiana de la ciencia y la Escritura] (1954) que el cristianismo ortodoxo no ignora la ciencia o considera que la ciencia es un enemigo. El problema no es la Biblia o el cristianismo ortodoxo versus los hechos científicos; si la Biblia parece estar en conflicto con un hecho, entonces los cristianos ortodoxos siempre han estado

5. Ver el libro del filósofo cristiano ortodoxo Arthur F. Holmes, *All Truth Is God's Truth* (Grand Rapids: Eerdmans, 1977).

dispuestos a reinterpretar la Biblia. Nuestras interpretaciones puede que sean equivocadas, pero eso no falsifica o socava la autoridad de la Biblia para doctrinas y creencias acerca de Dios y de Jesucristo. Nada que la ciencia pudiera descubrir como un hecho podría entrar en conflicto con creencias cristianas básicas como la existencia del Dios trino, la encarnación de Dios en Jesucristo, la resurrección de Jesucristo, o la salvación solamente por gracia mediante la fe.

Las creencias doctrinales clave del cristianismo ortodoxo, tal como están explicadas y defendidas en libros como *Mero cristianismo* de C. S. Lewis y *Cristianismo básico* de John Stott, están arraigadas en la Biblia y no pueden ser socavadas por la ciencia o la filosofía. El conflicto con el cristianismo surge solamente cuando científicos y filósofos están predispuestos a descartar cualquier cosa que esté por encima o más allá de lo natural, y esa predisposición es un prejuicio y no un hecho o un conocimiento objetivo. El problema para el cristianismo ortodoxo no es la ciencia sino el naturalismo.[6] El naturalismo es la cosmovisión que presupone que la naturaleza es todo lo que existe, lo cual es una creencia que no está ni demostrada ni sostenida por la ciencia, incluso si muchos científicos la han adoptado.

Para el cristianismo ortodoxo y clásico de todas las variedades, como el ortodoxo oriental, el católico romano y el protestante, la Biblia siempre ha sido considerada la fuente y norma suprema para la creencia cristiana básica acerca de Dios, Jesucristo, la humanidad, la salvación y el futuro. Sí, efectivamente, la ortodoxia oriental y el catolicismo romano añaden ciertas tradiciones extrabíblicas a sus creencias como fuentes y normas para la doctrina, pero argumentan que ninguna de ellas entra en conflicto con la Biblia. Cuando se trata de identificar la fuente y la norma primarias para la teología, las doctrinas, y las creencias cristianas básicas, todos los cristianos ortodoxos acuden a la Biblia como

6. Ver Alvin Plantinga, *Where the Conflict Really Lies: Science, Religion, and Naturalism* (New York: Oxford Univ. Press, 2011).

interpretada legítimamente y no creen que el consenso cultural supere a la Biblia en asuntos sobre Dios, Jesucristo, la humanidad, la salvación y el futuro.

El cristianismo liberal eleva la razón y la experiencia modernas a fuentes y normas que superan a la Biblia y la tradición cristiana ortodoxa. Hasta tal punto, que la Escritura y la tradición son degradadas a ser guías espirituales útiles. Para los cristianos liberales, la Biblia es una reserva de símbolos e imágenes influyentes y un registro de las experiencias cristianas originales. Está formada por «nuestras historias sagradas», pero no está inspirada sobrenaturalmente ni es infalible, incluso en asuntos como, por ejemplo, doctrina, enseñanza cristiana, o creencias acerca de Dios. El resultado es un sistema de creencias muy negociado, alterado, adaptado y acomodado que se denomina cristiano pero está separado de cualquier cosa reconocible como cristiana por cualquier pensador o líder cristiano antes de Schleiermacher.

El teólogo liberal Dorrien pregunta si «la teología cristiana puede ser genuinamente cristiana sin estar basada en la autoridad externa».[7] Su respuesta implícita es afirmativa, y él considera lo siguiente como el centro de la verdadera teología liberal: «La idea esencial de la teología liberal es que todo lo que afirma ser verdad, en teología como en otras disciplinas, debe hacerlo teniendo como base la razón y la experiencia, no apelando a la autoridad externa».[8] Con «autoridad externa» se refiere a la Escritura y la tradición, no solo a autoridades eclesiales como el papa, un obispo, o un líder denominacional. Dorrien resume la base de la identidad de la teología liberal, incluyendo el cristianismo liberal en su forma intelectual, de la siguiente manera: «De una forma o de otra, la teología liberal siempre adoptó su postura de los veredictos del conocimiento y la experiencia

7. Gary J. Dorrien, *The Making of American Liberal Theology: Imagining Progressive Religion, 1805-1900* (Louisville: Westminster John Knox, 2001), xiii.

8. Gary J. Dorrien, *The Making of American Liberal Theology: Idealism, Realism, and Modernity, 1900-1950* (Louisville: Westminster John Knox, 2003), p. 1.

modernas sin postrarse a afirmaciones de autoridad externa... Se especializaron en la acomodación cultural y el progresismo religioso. Todo teólogo liberal buscó alinear las afirmaciones cristianas con creencias derivadas de la consciencia crítica moderna».[9] Aquí, Dorrien resume la teología cristiana liberal en tiempo pasado, como si eso no fuera cierto de la versión actual de la tradición, pero en otro lugar deja claro que este enfoque básico es y siempre ha sido verdad de la teología liberal.

Si razón y experiencia, refiriéndonos a lo mejor de la filosofía y la ciencia contemporánea y la experiencia religiosa, son autoritativas para el cristianismo liberal, las preguntas siguen siendo las mismas: ¿qué razón y experiencia, y qué experiencias religiosas, son las fuentes y normas para la vida y la creencia contemporáneas? Con este enfoque de la autoridad religiosa, ¿cómo evitamos el individualismo radical, e incluso la anarquía? ¿Es el cristianismo interminablemente flexible, cambiable y mutable? ¿Es el «papel» de todos su propia iglesia? ¿Cuánto pueden diferir las creencias de un individuo cristiano, ser únicas para él o ella a la vez que mantienen que tenemos un Dios, una fe, y una iglesia universal? ¿Sobre qué términos puede un líder cristiano decir acerca de un profeta autoproclamado de Corea, por ejemplo: «No, él no es el "señor de la segunda venida"»? ¿Cómo sabe el líder cristiano que el profeta coreano es un falso profeta si muchos de sus seguidores lo experimentan como un verdadero profeta y si lo que afirma como verdad y sus doctrinas no son fácilmente falsificables por el pensamiento moderno? Este podría parecer un ejemplo un poco forzado, pero en la década de 1970 algunos teólogos protestantes liberales expresaron sus simpatías por ese profeta coreano y sus seguidores.

Sin embargo, no hay que llegar hasta tales extremos para establecer mi punto de que el cristianismo liberal no es un cristianismo auténtico. Los capítulos siguientes acerca de ideas liberales

9. Ibid., p. 534.

sobre Dios y Jesucristo establecerán ese caso. La teología cristiana liberal es una especie diferente del cristianismo bíblico, histórico, clásico y ortodoxo *porque* se ha separado a sí misma de toda autoridad a excepción de la del yo individual y el pensamiento moderno, y el pensamiento moderno es básicamente secular.

El hecho claro es que, según la opinión considerada de este escritor, los teólogos cristianos liberales y sus seguidores se han alejado del cristianismo auténtico ya sea sin saberlo o sin querer reconocerlo. No quieren dejar de llamarse a sí mismos cristianos, de modo que bautizan lo que ahora creen como cristianismo a la vez que redefinen el cristianismo de modo tan radical que no puede ser reconocido de manera razonable como una continuación del cristianismo bíblico, histórico, clásico y ortodoxo. Es una religión nueva e inventada con raíces en el cristianismo, exactamente igual que muchas sectas del cristianismo cuyos miembros se denominan a sí mismos cristianos, pero no son reconocidos como tales incluso por el Consejo Mundial de Iglesias.

Kenneth Cauthen está de acuerdo con Dorrien en que, para la teología cristiana liberal, «no son necesarias revelaciones especiales y milagrosas para ser verdaderamente cristiana».[10] Según Cauthen, el conocimiento de Dios que tienen los liberales viene a través de la experiencia.[11] ¿Qué experiencia? «La victoria del espíritu sobre la naturaleza» que se produce cuando las personas «se apropian de la luz y la vida que se les arbitran por medio del impacto del Jesús histórico».[12] En otras palabras, «la creencia cristiana» es lo que sigue razonablemente cuando una persona piensa en su propia transformación interior producida por un encuentro con el Jesús histórico por medio de sus enseñanzas y por medio de su influencia viviente en la iglesia. Esto es exactamente lo que enseñaba Schleiermacher hace dos siglos atrás: la

10. Kenneth Cauthen, *The Impact of American Religious Liberalism*, 2nd ed. (1962; Lanham, MD: Univ. Press of America, 1983), p. 210.

11. Ibid.

12. Ibid., p. 211.

verdadera salvación es el aumento interior de la consciencia de Dios por medio de la influencia de Jesús mediante la Biblia y la iglesia. Sin embargo, desde Schleiermacher en adelante, la teología liberal ha vaciado esta experiencia de cualquier contenido cognitivo unificador que define el cristianismo. Las doctrinas se reducen a opiniones, como máximo a expresiones de experiencias interiores. No conllevan ninguna autoridad y siempre son revisables a la luz de la cultura contemporánea. El resultado es que, cuando visitamos una congregación liberal, no podemos saber lo que creen sus miembros, solamente lo que no creen. Por ejemplo, normalmente no creen que la fe en lo sobrenatural, como la resurrección de Jesús u otros milagros, sea necesaria para el cristianismo auténtico.[13]

Varios teólogos liberales confirman que la experiencia, la razón y la cultura son las fuentes autoritativas del cristianismo liberal. Washington Gladden escribió en 1913 que «la teología actual... es simplemente la explicación que los hombres están dando de la verdad religiosa a la luz de este siglo».[14] Con «este siglo» se refería casi con toda certeza al siglo XX tal como él lo imaginaba desarrollándose en progreso con la ciencia y la cultura moderna. «Nuestra manera moderna de ver las cosas» era para él, por lo menos, igual a la Escritura y la tradición para establecer una creencia correcta.[15] Gladden era un prudente pastor y teólogo liberal que estaba a la vanguardia de la teología liberal radical, pero llamó a un «radicalismo valiente» en la interpretación de la Biblia a la luz del conocimiento moderno.[16] Dijo que eso debía combinarse con una «conservación sabia» de la tradición.[17] La

---

13. El sociólogo luterano de religión Peter Berger es citado en Gary J. Dorrien, *The Making of American Liberal Theology: Crisis, Irony, and Postmodernity, 1950–2005* (Louisville: Westminster John Knox, 2006), diciendo que, en la teología liberal, «toda forma de sobrenaturalismo debe ser suprimida del cristianismo» (p. 518).

14. Washington Gladden, *Present Day Theology* (Columbus, OH: McClelland, 1913), p. 8.

15. Ibid., p. 44.

16. Ibid., p. 20.

17. Ibid.

mayoría de los teólogos cristianos liberales dirían lo mismo; en pocas ocasiones admiten descartar por completo la tradición y probablemente nunca lo harán. Sus selecciones de lo que creer y enseñar de la tradición reciben siempre una fuerte influencia de su aceptación por parte de la cultura moderna o contemporánea, refiriéndose a lo mejor de la filosofía y las ciencias.

Henry Churchill King era, al igual que Gladden, menos que radical en sus reinterpretaciones del cristianismo, pero incluso King afirmó que «toda doctrina debería estar originalmente solo en la expresión en pensamiento de la experiencia».[18] Esas «expresiones en pensamiento» debieran ser moldeadas por «el mundo cambiable intelectual, moral y espiritual en el que vivimos».[19] «La teología debe desarrollarse a medida que se desarrolla la ciencia».[20] A la vez que advertía en contra del debilitamiento de «la resistencia de toda verdad cristiana» por medio de una fuerte «protesta contra los viejos credos», King argumentaba que «la aceptación de ciertas convicciones importantes de nuestra época llama a reescribir la teología: una nueva teología».[21] Cómo lo desarrolló lo explicaremos en capítulos posteriores. El punto aquí es que él llamó a una nueva teología moldeada en parte, por lo menos, por el pensamiento moderno. El resultado fue un cambio profundo especialmente en las doctrinas de Dios y de Jesucristo.

El teólogo metodista L. Harold DeWolf fue otro teólogo liberal relativamente prudente que por lo menos habló palabras bonitas de la tradición, sin desear lanzar por la ventana al bebé junto con el agua de la bañera. Sin embargo, en su clásico *The Case for Theology in Liberal Perspective* [El caso de la teología en la perspectiva liberal], instó a que «el ánimo y el pensamiento de nuestra época... requieren que el evangelio sea comunicado

---

18. Henry Churchill King, *Reconstruction in Theology* (New York: Macmillan, 1901), p. 182.
19. Ibid., v.
20. Ibid., p. 2.
21. Ibid., p. 29.

en términos inteligibles y persuasivos para las mentes del siglo XXI».[22] En contra de lo que consideraba un nuevo aumento de la irracionalidad en la teología protestante, DeWolf hizo hincapié en la razón sin explicar de modo preciso lo que eso significa excepto en términos de «las ciencias naturales» y «la nueva comprensión histórica de los tiempos bíblicos».[23] En contra de teologías que consideraba anti-intelectuales y anticuadas, llamó a una acomodación prudente del cristianismo a la cultura moderna.[24] DeWolf era típico de la mayoría de los teólogos liberales de su época a la hora de intentar distinguir entre el grano y la cáscara del cristianismo, siendo la cáscara descartable y el grano a conservar. Para él, como para la mayoría de los teólogos liberales, el grano es «los requisitos éticos de Jesús», mientras que la cáscara es «las costumbres morales de la época», refiriéndose a la época de Jesús.[25] Sin embargo, no se puede culpar a los lectores de su libro por pensar que su cáscara también incluye gran parte de la doctrina tradicional y ortodoxa. Esto quedará claro con los ejemplos en capítulos posteriores.

Donald E. Miller, autor de *The Case for Liberal Christianity* [El caso del cristianismo liberal], expresa el énfasis de la teología liberal en la cultura moderna con mucha claridad:

> Los cristianos liberales han comprendido que el cristianismo debe evolucionar y adaptarse, o por lo menos su expresión, de época en época. Han creído que la aplicación del evangelio debe reinterpretarse para cada nuevo contexto cultural. Aunque puede haber una esencia central del cristianismo, los cristianos liberales consideran la adaptación a la cultura algo necesario y positivo, si lo que uno quiere decir con «adaptación» es que debería buscar

22. L. Harold DeWolf, *The Case for Theology in Liberal Perspective* (Philadelphia: Westminster, 1959), p. 43.
23. Ibid., p. 45.
24. Ibid., p. 58.
25. Ibid., p. 146.

> comprender a Dios y su responsabilidad moral en términos del mejor conocimiento científico y análisis social.[26]

Miller dice: «Aunque la Escritura y la tradición son importantes, el punto de base de la moralidad liberal ha sido la razón... Siempre debe utilizarse la razón para sopesar la autoridad de la Escritura y la tradición».[27] Ningún cristiano conservador rechaza por completo la razón; el asunto es éste: la razón ¿de quién? ¿Qué racionalidad? Los cristianos conservadores siempre han valorado la lógica; ese no es el problema. Miller se refiere a algo más que la lógica con el término «razón» como el criterio de autoridad; casi con toda certeza se refiere a lo mejor del pensamiento moderno, especialmente las ciencias y las artes modernas y contemporáneas.[28] Una vez más, los cristianos conservadores y ortodoxos no rechazan necesariamente las ciencias y las artes, o incluso la filosofía; rechazan elevar esas cosas a ser iguales a la Escritura y a la tradición al determinar qué es correcto que crean los cristianos acerca de Dios y de Jesucristo.

Miller muestra su inclinación liberal hacia la adaptación cultural al hablar del estatus de las creencias en el cristianismo. Acepta lo que anteriormente se denominaba realismo simbólico, y dice que puede recitar los credos del cristianismo sin tomarlos literalmente.[29] Confiesa ser agnóstico en cuanto a los milagros: «He renunciado a intentar zanjar la cuestión de la resurrección, si Jesús nació de una virgen, si hizo ver a ciegos y caminar a paralíticos».[30] Según él mismo y muchos otros, si no la mayoría o todos los teólogos liberales, las Escrituras y los credos son hitos o marcas simbólicas que no han de ser interpretados literalmente;

---

26. Donald E. Miller, *The Case for Liberal Christianity* (San Francisco: Harper and Row, 1981), p. 33.
27. Ibid., p. 35.
28. Ibid., p. 33.
29. Ibid., p. 5.
30. Ibid.

son de ficción en forma aunque verdaderos en sustancia.[31] Sin embargo, ¿cómo identifica él la diferencia entre forma y sustancia? Aparentemente, por lo que permite la cultura moderna-contemporánea en términos de verdad y realidad literal-histórica. Por lo tanto, ¿qué es la sustancia para él? Es «la Realidad» que está detrás de las formas y que es arbitrada por ellas y la experiencia de la persona al respecto.[32] Entonces, ¿por qué la iglesia? Según Miller, «la iglesia está unida por un paradigma simbólico común»,[33] que tiene algo que ver con «una Realidad» que experimentamos «tanto en el interior como más allá de nuestros símbolos creados humanamente».[34]

¿Puede alguien realmente ser culpado por preguntarse qué religión es esta? ¿Es *cristiano* el cristianismo liberal de Miller? ¿Qué hace que su teología y religión sean cristianas? Según Miller, es «la forma simbólica de Jesús», que no está limitada por el tiempo sino que está sujeta a la reinterpretación por la iglesia liberal en cada época y generación.[35] La forma simbólica de Jesús es aparentemente la clave para la «completitud humana... confianza en el significado supremo de la existencia humana».[36] Más ideas de Miller acerca del cristianismo liberal aparecerán en capítulos posteriores. Bastaría con decir ahora que, al verdadero estilo teológico liberal, él adapta el cristianismo a su visión de lo que la cultura contemporánea permitirá creer a la persona. Todos los cristianos ortodoxos cuestionarán si el resultado es reconocible como cristianismo.

El teólogo cristiano liberal John Shelby Spong planteó si sigue siendo posible «ser un creyente y un ciudadano de nuestro siglo [XX] al mismo tiempo».[37] Para él, «cuando comenzó a ama-

---

31. Ibid., p. 15.
32. Ibid., p. 31.
33. Ibid., p. 10.
34. Ibid., p. 20.
35. Ibid., p. 137.
36. Ibid., p. 37.
37. John Shelby Spong, *Why Christianity Must Change or Die: A Bishop Speaks to Believers in Exile* (San Francisco: HarperSanFrancisco, 1998), p. 18.

necer la época moderna, una nueva comprensión de la forma del universo comenzó a desarrollarse, y el lugar de Dios como el director celestial de los asuntos humanos comenzó a tambalearse».[38] Concluyó: «La intervención divina se convirtió en un concepto problemático».[39] Finalmente, declaró: «Los seres humanos han evolucionado hasta el lugar donde el concepto de Dios teísta puede ser y debería ser dejado a un lado».[40] Puede haber poca duda de que, para Spong, obispo episcopal retirado, teólogo y autor de numerosos libros de cristianismo liberal, la cosmovisión moderna (naturalista en esencia y cerrada a los milagros) se sitúa como una fuente y norma importantes incluso por encima de los «valiosos relatos bíblicos» que constituyen «la historia... interpretada de maneras bastante dramáticas y fantasiosas».[41] Para él, al igual que para muchos si no la mayoría de los cristianos liberales, lo mejor del pensamiento moderno sirve como norma gobernante para la creencia cristiana. La Biblia sigue siendo una fuente, pero la filosofía y la ciencia contemporáneas deciden qué partes de ella son verdad y qué partes no lo son. Para él, el cristianismo debe cambiar o morir, y el cambio que él defiende es uno que lleva al cristianismo lejos de la ortodoxia tradicional. Según la opinión de este escritor, él corta el cordón de continuidad de modo tan claro, que lo que queda de su «cristianismo cambiado» es irreconocible como cristiano.

El teólogo liberal Marcus Borg expresó un deseo de revisión del cristianismo volviendo a pensar a Dios bajo la influencia de la cosmovisión moderna, tomando en serio la cultura contemporánea mientras que al mismo tiempo se mantenía consistente con la tradición teológica del cristianismo.[42] Si el resultado de su revisión es en realidad consistente con la tradición teológica del

38. Ibid., p. 31.
39. Ibid., p. 32.
40. Ibid., p. 54.
41. Ibid., pp. 14, 15.
42. Marcus J. Borg, *The God We Never Knew: Beyond Dogmatic Religion to a More Authentic Contemporary Faith* (New York: HarperCollins, 1997), pp. 4, 1.

cristianismo es cuestionable. Un ejemplo es su objeción al «Jesús del credo»,[43] con lo cual se refiere a la cristología tradicional del cristianismo ecuménico, histórico y ortodoxo: Jesucristo es a la vez verdaderamente Dios y verdaderamente humano y, sin embargo, una persona. Para él, el pensamiento moderno ha hecho difícil, si no imposible, creer que «el Jesús antes de la Semana Santa era divino».[44] Frases como «en nuestro tiempo, pensar acerca de Dios como un ser sobrenatural que está "allá afuera" se ha convertido en un obstáculo para muchos»[45] revela su compromiso con lo que la gente de la época moderna puede creer. Su libro titulado *The God We Never Knew: Beyond Dogmatic Religion to a More Authentic Contemporary Faith* [El Dios que nunca conocimos] (1997) se basa en la autoridad de la modernidad (aunque a él no le gusta la palabra *autoridad*), incluso al hacer una revisión del cristianismo.

Peter C. Hodgson, autor de *Liberal Theology: A Radical Vision* [Teología liberal: una visión radical] (2007), destaca como una excepción a la afirmación de Dorrien de que el cristianismo liberal no tiene necesidad alguna de autoridad externa. Él escribe: «La teología no puede dejar de lado la autoridad externa y la tradición histórica»,[46] pero después escribe también que «nuestro tiempo» requiere una revisión radical del cristianismo tradicional abierta a «la experiencia: empírica, sensible, emocional, intuitiva, intelectual, estética, cultural, revelatoria».[47] Sus verdaderas posturas liberales teológicamente hablando se muestran cuando escribe que «una teología liberal radicalmente libre se requiere para liberar doctrinas centrales de la fe cristiana de formas dogmáticas o anticuadas y repensar los significados de sus raíces en relación con conceptos y problemas contemporáneos».[48]

43. Ibid., p. 97.
44. Ibid., p. 91.
45. Ibid., p. 12.
46. Peter Crafts Hodgson, *Liberal Theology: A Radical Vision* (Minneapolis: Fortress, 2007), p. 9.
47. Ibid., p. 19, 14.
48. Ibid., p. 29.

Douglas Ottati ha surgido como uno de los teólogos liberales más elocuentes y prolíficos del siglo XXI. En su obra maestra, *A Theology for the Twenty-First Century* [Una teología para el siglo XXI], endosa el cuadrilátero wesleriano para las fuentes y normas de la teología. El volumen está dividido en setenta proposiciones, y la proposición veinticuatro indica que «declaraciones o doctrinas teológicas serán formuladas con referencia a la Escritura del Antiguo y el Nuevo Testamento, la historia o la tradición de la iglesia (confesiones, prácticas, y formulaciones teológicas del pasado), el conocimiento contemporáneo, y la consistencia con otras declaraciones teológicas».[49] Tras advertir a los lectores que no se apoyen únicamente o demasiado en «el conocimiento y las creencias actuales», Ottati dice: «Aun así, apelar al conocimiento, las teorías y las creencias contemporáneas es especialmente importante si las doctrinas cristianas han de ofrecer reinterpretaciones, con respecto a Dios, de nuestra vida y nuestras interacciones actuales con objetos y otros».[50] A lo largo de sus reflexiones teológicas para el siglo XXI, Ottati se apoya con fuerza en lo que él denomina «piedad teocéntrica», que resulta ser muy similar a la «consciencia de Dios» de Schleiermacher. La piedad teocéntrica es la experiencia cristiana de Dios que da a la vida significado, profundidad y esperanza, y es «alentada» por «los recursos mitopoéticos de la Biblia y la tradición cristiana»,[51] que contienen símbolos en lugar de acontecimientos literales o enseñanzas proposicionales (aunque Ottati no niega en ningún lugar que existan tales cosas). El resultado es que, para Ottati, como para muchos si no todos los pensadores cristianos liberales, las fuentes supremas para el conocimiento acerca de Dios, Jesucristo, la humanidad, la salvación, y las diversas posturas fijas de la teología cristiana, no son revelaciones producidas de

49. Douglas F. Ottati, *A Theology for the Twenty-First Century* (Grand Rapids: Eerdmans, 2020), p. 126.

50. Ibid., p. 135.

51. Ibid., p. 323.

modo sobrenatural en la historia de la salvación tal como se registra en la Escritura o en enseñanzas autoritativas de profetas y apóstoles inspirados; en cambio, ese conocimiento se origina de símbolos bíblicos y experiencias interiores de cristianos inspirados por ellas. Y lo mejor del conocimiento moderno sirve como guía crítica de lo que es posible creer acerca de la historia y la naturaleza, incluidos los milagros.

Al final de este recorrido de pensadores cristianos liberales y sus fuentes y normas para la creencia cristiana contemporánea, regreso a Delwin Brown, quien asevera que lo que une a todos los cristianos liberales es su «obligación de... hablar acerca de Dios en relación con el conocimiento contemporáneo y en términos de criterios contemporáneos de idoneidad».[52] Para ellos, insiste Brown, «el consenso moderno» tiene autoridad suprema para la teología cristiana,[53] al menos al lado, si no por encima, de la Escritura y la tradición.

El teólogo liberal Van Harvey miró atrás a casi dos siglos de pensamiento cristiano liberal y comentó que «el cristianismo se convirtió meramente en una representación de la autocomprensión moderna».[54] ¡Ni yo mismo no llegaría tan lejos! Es interesante, sin embargo, que un teólogo cristiano liberal tan reconocido dijera eso acerca del cristianismo liberal contemporáneo. Lo que sí creo es que los cristianos liberales elevan las modas intelectuales temporales y pasajeras de la cultura occidental al estado de autoridad controladora para lo que ellos creen. Es comprensible; personas instruidas y sofisticadas no quieren estar desconectadas de lo que la cultura académica considera creíble o increíble. Llega un punto, sin embargo, en el que se ha traspasado una línea desde la esencia del cristianismo hasta otra cosa diferente. Los teólogos cristianos liberales han redefinido constantemente la

52. Pinnock and Brown, *Theological Crossfire*, p. 87.

53. Ibid., p. 23.

54. Citado en Dorrien, *Making of American Liberal Theology: Crisis, Irony, and Postmodernity*, p. 516.

«esencia del cristianismo» para defender su nueva religión como auténticamente cristiana. Sin embargo, desde Schleiermacher, esa esencia ha sido reducida a algo irreconocible como cristiano, a excepción del lenguaje, las palabras y la terminología.

Los cristianos liberales siguen hablando de Dios y de Jesucristo, y aparentan creer en la Biblia, la Trinidad, el pecado y la salvación, pero sus nuevas definiciones vacían esos conceptos de lo que los cristianos han entendido siempre. Efectivamente, los cristianos ortodoxos han tenido y siguen teniendo desacuerdos acerca de los detalles de estos conceptos, pero están de acuerdo en los significados esenciales. Dios, por ejemplo, se ha considerado tradicionalmente como el creador personal y omnipotente de todas las cosas, no creado, omnisciente, omnipresente y soberano. Los cristianos ortodoxos debaten los significados exactos de algunos de estos conceptos acerca de Dios, pero están de acuerdo, por ejemplo, en que Dios no depende del mundo para su ser o su existencia y que Dios es trascendente. La teología liberal, como demostraré, ha enfatizado en exceso la inmanencia de Dios (estar en el mundo y con él) hasta el punto de perder la trascendencia de Dios. Y eso es cierto porque los cristianos liberales creen que la cultura moderna y contemporánea ya no permite que Dios sea trascendente.

3

LA TEOLOGÍA LIBERAL Y LA BIBLIA

Cristianos ortodoxos de muchas denominaciones y tradiciones han estado en desacuerdo durante siglos acerca de los detalles de la Biblia. No estamos de acuerdo en cuántos libros deberían estar en ella, pero todos estamos de acuerdo en los sesenta y seis que contiene. Algunos creen que debería haber y que realmente hay más (libros de los llamados apócrifos entre los dos Testamentos). Hay algunos que creen más que otros que el Antiguo Testamento y el Nuevo Testamento mantienen una gran unidad teológicamente hablando. Otros ven el Antiguo Testamento como historia y promesa conducentes a la venida de la autorrevelación de Dios en Jesucristo. Hay quienes creen en la inspiración verbal plenaria de la Biblia, mientras que otros creen que *inspiración* se refiere a la obra del Espíritu Santo en los autores humanos, sin ser inspiradas las palabras en sí. Algunos creen que la Biblia es inerrante; otros prefieren decir que es infalible. Sin embargo, un cristiano ortodoxo, sea la persona ortodoxa oriental, católico romana o protestante, cree que la Biblia es diferente de otros libros en clase y no solo en grado. Todos están de acuerdo en que es un libro sagrado y santo, inspirado por Dios como ningún otro libro, y autoritativo para la fe y la práctica (ética).

No digo nada de eso con la intención de minimizar las diferencias acerca de la Biblia entre cristianos ortodoxos. Las diferencias son profundas y desafortunadas; sin embargo, el consenso es aún mayor que las diferencias. El consenso, desde los apóstoles (acerca del Antiguo Testamento) hasta los padres de la iglesia y los tiempos contemporáneos, está en que la Biblia es sobrenatural en su estado revelador y autoritativa para el pensamiento y la vida cristianos. Ciertamente, los no protestantes elevan la tradición y la sitúan junto a la Biblia, pero eso no significa que no crean que la Biblia es únicamente inspirada y autoritativa comparada con otros grandes libros de sabiduría espiritual. Eso creen.

Este capítulo comienza una serie sobre creencias y doctrinas particulares del cristianismo. La tesis de este libro es que el cristianismo liberal ha cortado el cordón de continuidad con el pasado cristiano y con la ortodoxia de tal modo, que debiera considerarse una religión diferente. Comenzando con este capítulo, se supone *cierto* grado de familiaridad por parte del lector con el cristianismo ortodoxo cruzando barreras denominacionales. Para quienes no la tienen, sugiero mi libro *El mosaico de la creencia cristiana*, que proporciona detalles acerca del consenso cristiano, al igual que sobre alternativas a él y diversas opiniones en su interior.[1] En cada capítulo mencionaré y describiré brevemente la doctrina consensuada ortodoxa antes y a medida que describa y critique el punto de vista alternativo del cristianismo liberal; sin embargo, no proporcionaré detalles acerca de ese consenso ortodoxo; supondré cierto conocimiento básico al respecto.

Dicho de modo sencillo, la doctrina cristiana ortodoxa de la Biblia es que es inspirada por Dios de modo sobrenatural e incluso infalible y autoritativa en todos los asuntos pertenecientes

1. Roger E. Olson, *The Mosaic of Christian Belief: Twenty Centuries of Unity and Diversity*, 2nd ed. (Downers Grove, IL: InterVarsity Press, 2016).

a la salvación, definida ampliamente como la relación de las personas con Dios y la plenitud personal. Es única entre los libros porque es la Palabra de Dios escrita, diferente en clase, y no solo en grado, de otros grandes libros. Esta creencia en el estado especial de la Biblia se encuentra en la Biblia misma (por ej., 2 Timoteo 3:16-17; 2 Pedro 1:10-21) y a lo largo de la historia de la iglesia desde los padres de la iglesia hasta la época moderna de pensamiento occidental, cuando los deístas, por ejemplo, comenzaron a cuestionar la inspiración y la autoridad de la Biblia.

Comparado con el consenso cristiano ortodoxo en que la Biblia es la revelación de Dios dada de modo sobrenatural, el cristianismo liberal trata la Biblia como un libro humano de gran perspectiva y sabiduría espiritual que no es divinamente inspirado ni únicamente autoritativo. Ciertamente, como mostraré, muchos teólogos liberales han dicho lo que consideran ser cosas elogiosas acerca de la Biblia, pero lo que dijeron se queda muy corto en cuanto a reconocer el estado de la Biblia en el cristianismo tradicional. El motivo subyacente es la tendencia de los liberales a negar cualquier intervención sobrenatural o actos especiales en la historia, incluyendo la autoría de la Biblia mediante escritores humanos. Es casi imposible afirmar un consenso entre los teólogos cristianos liberales acerca de la Biblia, a excepción de decir lo que *no* es para ellos. Sin embargo, creo que la mayoría de ellos estarían de acuerdo con la declaración de que la Biblia constituye el «clásico cristiano» literario y «nuestras historias sagradas», y que su función especial radica en presentarnos las experiencias de Israel y de los primeros cristianos y comunicarnos imágenes y símbolos transformadores que pueden y deberían moldear nuestra vida. Los cristianos liberales son muy reacios, sin embargo, a hablar sobre la autoridad de la Biblia, y eso los deja sin una fuente o norma objetiva para la creencia y la doctrina cristiana.

Muchos teólogos cristianos liberales (y quienes son influenciados por ellos) han llegado a la conclusión por la alta crítica de que no se puede confiar en que la Biblia es lo que los cristianos creyeron acerca de ella durante siglos. La alta crítica comenzó en el siglo XVIII en Europa, pero realmente despegó entre eruditos bíblicos académicos en el siglo XIX y evolucionó todavía más durante el siglo XX e incluyendo el Seminario de Jesús del cual era miembro Marcus Borg. La alta crítica enfoca el estudio de la Biblia como literatura antigua y se niega a participar en «una defensa especial» de ella. Los practicantes de la alta crítica dejan a un lado la fe en la Biblia como la Palabra de Dios escrita y buscan examinar sus orígenes, su evolución, y su significado utilizando técnicas seculares de crítica literaria. La alta crítica no ha logrado mucho mediante el consenso acerca de la Biblia, a excepción de que es profundamente humana en origen y está condicionada radicalmente por culturas y tradiciones.

La erudición bíblica no es el problema; el problema está en la suposición naturalista de la alta crítica, que influencia y condiciona el modo en que los críticos ven la Biblia. Por ejemplo, la mayoría de los altos críticos del Antiguo Testamento suponen que el anuncio profético del futuro no puede ser real, de modo que si está registrado que un profeta está anunciando un evento político o una guerra en el futuro, los escritos de ese profeta no pueden ser realmente de él. El libro atribuido al profeta debió haberse escrito más adelante, después de los acontecimientos anunciados. Por ejemplo, la mayoría de los altos críticos del Nuevo Testamento suponen que Jesús no era divino, no era Dios encarnado, de modo que sus palabras acerca de acontecimientos futuros deben referirse realmente a acontecimientos que sucedieron antes o durante las épocas en las que se escribieron los Evangelios. Los altos críticos del Nuevo Testamento suponen que gran parte de lo que se dice que Jesús citó en los Evangelios fue inventado por cristianos posteriores y puesto en labios de Jesús cuando se escribieron los Evangelios. Con frecuencia en la alta crítica, el propósito de los Evangelios no era registrar lo que Jesús dijo realmente sino hacer que Jesús dijera e hiciera cosas que resolvieron problemas en las iglesias posteriores donde se escribieron los Evangelios.

Sin embargo, los cristianos ortodoxos no deberían rechazar la alta crítica de la Biblia y desestimarla sin más, pues nos ha dado algunas perspectivas interesantes sobre los motivos para las diferencias entre los Evangelios. Una forma de alta crítica del Nuevo Testamento se denomina crítica de redacción, y demuestra que los escritores de los Evangelios tenían propósitos teológicos para dejar registrados ciertos dichos de Jesús de manera diferente entre ellos. La alta crítica ha revelado, por ejemplo, que los Evangelios de Mateo y Marcos casi con toda seguridad utilizaron una fuente llamada Q (para «Quelle» o fuente) que ya no existe, excepto en el material que esos Evangelios comparten en común. El problema con la alta crítica es cuando socava la verdad de la Biblia utilizando suposiciones naturalistas acerca de la imposibilidad de los milagros y de los profetas inspirados sobrenaturalmente por Dios para anunciar acontecimientos futuros.

El cristianismo liberal se ha visto profundamente influenciado por lo que denominaré «alta crítica negativa de la Biblia», refiriéndome a la erudición bíblica acerca de la realidad que trabaja con suposiciones naturalistas y parte de ellas. Creo que es justo decir que casi todo el problema con el cristianismo liberal es su prejuicio contra cualquier cosa que vaya en contra de lo que las ciencias podrían explicar. El cristianismo liberal es cristianismo despojado de la dimensión sobrenatural, cristianismo sin milagros o intervenciones divinas.

Ciertamente, la mayoría de los cristianos liberales siempre han creído y enseñado que Dios actúa de maneras misteriosas dentro de los mundos interiores espiritual y psicológico de las personas. Por ejemplo, Schleiermacher creía que Dios actúa para crear o elevar la «consciencia de Dios» en el interior de las personas, pero negaba los milagros como incompatibles con el nuevo conocimiento acerca de la física que se descubrió durante la Ilustración y las revoluciones científicas. Una actitud generalmente escéptica hacia los milagros y los actos divinos especiales se extiende por el cristianismo liberal, incluso cuando los cristianos liberales hablan de formación espiritual en la vida interior de los cristianos. Una frase favorita entre los cristianos liberales, que incluso se ha filtrado hasta el cristianismo ortodoxo conservador, es que la oración no cambia las cosas sino que solamente nos cambia a nosotros. En la Biblia y en gran parte de la tradición cristiana, sin embargo, las peticiones de oración han cambiado drásticamente las vidas de las personas de maneras externas y también han marcado una diferencia en el mundo físico. Sin embargo, no es eso normalmente lo que los cristianos liberales creen acerca de la oración porque no piensan que el mundo físico de la naturaleza esté abierto a lo milagroso.

Al acercarse a la Biblia con unos lentes naturalistas, los cristianos liberales le arrebatan la inspiración sobrenatural y la reducen a ser un clásico cristiano de ficción, aunque también inspirador e incluso transformador. La Biblia adopta principalmente una naturaleza parabólica. Y la mayoría de los cristianos liberales admitirán que Dios iluminó las mentes de los autores humanos cuando ellos se abrieron a sí mismos a su obra en sus vidas. Sin embargo, la Biblia es tratada como diferente en grado y no diferente en clase de otros grandes libros de sabiduría inspiradora. Los liberales normalmente consideran la Biblia inspirada en cuanto a que es inspiradora, pero la autoridad no entra en su erudición bíblica.

Repito que podría comenzar con Schleiermacher y llegar hasta otros teólogos liberales alemanes de los siglos XIX y XX pero quisiera enfocarme en la teología estadounidense, la cual se ha extendido por todo el mundo por medio de las misiones, el trabajo social y la publicación de literatura. Este libro habla principalmente del cristianismo liberal estadounidense y su teología, sus creencias. Este capítulo se desarrolla desde el capítulo previo, e inevitablemente repetirá parte del mismo porque el asunto subyacente aquí, como también allá, es la autoridad para la creencia. ¿Cuál es o debiera ser nuestra autoridad final y suprema para lo que creemos acerca de Dios, Jesucristo, la condición humana, la salvación, el futuro? Esa es la pregunta subyacente y global, y mostré la respuesta consensuada de teólogos cristianos liberales en el capítulo anterior. En pocas palabras, es la modernidad. Aquí, me enfocaré en la autoridad de la Biblia, o la falta de la misma, en el cristianismo liberal.

Algunos lectores pueden preguntar: «¿Y que del hecho de que la Biblia es interpretada de muchas maneras diferentes incluso por parte de cristianos conservadores, tradicionales y ortodoxos?» La implicación es que la diversidad de interpretaciones socava de alguna forma la autoría de la Biblia. Quisiera dejar a un lado esta objeción señalando sencillamente que hay muchas interpretaciones diferentes de la Constitución de los Estados Unidos (y probablemente de cualquier conjunto de leyes básicas en todo el mundo), y esa diversidad de interpretaciones no socava su autoridad. Para la ley estadounidense, la Constitución sigue siendo autoritativa, razón por la cual es importante esforzarse por interpretarla correctamente. Diversas interpretaciones de la Biblia, algunas de ellas igualmente legítimas y aparentemente irresolubles, no socavan su autoridad. Su autoridad es el *porqué* continuamos esforzándonos hacia una interpretación unificada y correcta.

Por lo tanto, ¿cómo ven la Biblia los cristianos liberales? Ninguna persona habla en nombre de todos los cristianos liberales, de modo que mi enfoque será el de mirar a teólogos cristianos liberales prototípicos para ver si hay alguna unidad subyacente en su perspectiva de la Biblia y, en ese caso, cuán diferente es de las perspectivas tradicionales y ortodoxas de la Biblia.

Según Gary Dorrien, un destacado teólogo liberal, Borden Parker Bowne (1847-1910), profesor de teología en la Universidad de Boston, no negaba la autoridad de la Escritura, pero argumentaba que la Biblia «contiene» la palabra de Dios pero no es en sí misma la palabra de Dios.[2] Con eso quería decir que «la autori-

2. Gary J. Dorrien, *The Making of American Liberal Theology: Imagining Progressive Religion, 1805–1900* (Louisville: Westminster John Knox, 2001), p. 382.

dad de la Escritura radica en el poder religioso de sus ideas, no en cualquier doctrina a priori de infalibilidad escritural».[3] Según el teólogo metodista liberal Bowne, la Escritura tiene autoridad en cuanto a que comunica verdad que no contradice «la consciencia iluminada».[4] Eso eleva «la consciencia iluminada» de una persona moderna a un nivel de autoridad por encima de la Escritura; la consciencia iluminada dicta entonces lo que es y no es autoritativo en la Escritura. Esto estableció un patrón que siguieron después muchos pensadores cristianos liberales posteriores. Dorrien dice que, para los cristianos liberales de principios del siglo XX, «las pruebas de la teología y el discipulado sanos son estrictamente modernas».[5] La Biblia estaba y está sujeta a la autoridad de la consciencia iluminada moldeada por la modernidad.

Según Dorrien, otro pensador protestante liberal de principios del siglo XX, George Burman Foster (1858-1918), que enseñó teología y filosofía de la religión en la Escuela de Divinidades de la Universidad de Chicago, «insistía en que no se puede ser moderno y seguir aceptando la cosmovisión sobrenatural dualista de la Biblia».[6] Observemos que no se refería a que la Biblia es mal entendida cuando los cristianos ortodoxos basan su cosmovisión sobrenatural en ella; se refería a que la Biblia comunica una cosmovisión sobrenatural, y esa cosmovisión es falsa. Es desconcertante como él o cualquier otro pensador cristiano liberal llega a esa conclusión. Los cristianos conservadores y ortodoxos se preguntan qué hechos modernos falsifican la cosmovisión de la Biblia. La mayoría de los cristianos liberales responderían: «¡la ciencia!» Sin embargo, la ciencia es simplemente el estudio de lo que es observable mediante medios científicos; ¿y si William Shakespeare tenía razón en que «hay más cosas en los cielos y en la tierra, Horacio, de las que se

3. Ibid., p. 384.
4. Ibid., p. 387.
5. Gary J. Dorrien, *The Making of American Liberal Theology: Idealism, Realism, and Modernity, 1900–1950* (Louisville: Westminster John Knox, 2003), p. 62.
6. Ibid., p. 159.

sueñan en tu filosofía»?[7] Sustituyamos «filosofía» por «ciencia», y esa drástica pregunta sigue siendo relevante para aquellos que limitan lo que es real a lo que la ciencia puede descubrir.

Dorrien termina el segundo volumen de su obra magistral de tres volúmenes de historia de la religión liberal estadounidense resumiendo la teología liberal del siglo XX. Repetidamente hace hincapié en las tendencias modernistas de la teología liberal, su elevación del conocimiento moderno al estado de autoridad controladora, aunque también afirma que los liberales rechazan la autoridad externa. Esto revela una tensión en la historia de la religión y la teología liberal estadounidense de Dorrien que de otro modo es superlativa. Por una parte, dice él correctamente, todos los liberales tienden a derribar la «casa de autoridad» (refiriéndose a la autoridad externa, fuera del yo), mientras que al mismo tiempo todos ellos tratan el conocimiento moderno como autoridad externa. «De una forma o de otra, la teología liberal siempre adoptó sus posturas sobre los veredictos del conocimiento y la experiencia modernos sin postrarse ante afirmaciones de autoridad externa».[8] Eso significa que la Biblia no podía y no puede actuar como una autoridad por encima del conocimiento moderno, aunque el conocimiento moderno esté en cambio constante. El cristianismo liberal, por lo tanto, debe mantenerse al tanto de las últimas tendencias en conocimiento moderno y cambiar constantemente sus creencias a medida que evoluciona la cultura. Sin embargo, una cosa se ha mantenido constante en el cristianismo liberal desde Schleiermacher, y es que «tenía que ofrecer los aspectos míticos del cristianismo a fin de declarar el lenguaje racional de la verdad», tal y como es definida la verdad por el conocimiento actual de la cultura moderna.[9]

El problema está en que, para los cristianos liberales, «el aspecto mítico del cristianismo» incluye todo lo milagroso y

---

7. Shakespeare, *Hamlet*, acto 1, escena 5.
8. Dorrien, *Making of American Liberal Theology: Idealism, Realism, and Modernity*, p. 534.
9. Ibid.

sobrenatural. Eso significa que la teología liberal ha tenido que desmitificar la Biblia y la tradición cristiana hasta el punto de convertir el cristianismo en un pobre reflejo de lo mejor de la cultura secular. Permite que el conocimiento moderno, sea cual sea en el momento, se mantenga en autoridad sobre la Biblia incluso en los asuntos más importantes. Sin duda, lo que se consideran los asuntos más importantes es un punto de fuerte desacuerdo entre los cristianos ortodoxos y los liberales. Los cristianos ortodoxos dicen, por ejemplo, que la resurrección corporal y el regreso real de Jesucristo para establecer su reino están entre los asuntos más importantes, tanto en la Biblia como en la tradición cristiana. Los cristianos liberales dicen que los asuntos más importantes tienen que ver con el triunfo del espíritu sobre la naturaleza, sea como sea que se interprete esa frase. Los cristianos liberales en el siglo XXI definen frecuentemente el triunfo del espíritu sobre la naturaleza en términos de liberación de la opresión. Los cristianos conservadores y ortodoxos están de acuerdo en que la liberación de la opresión es un tema importante de la Biblia y del cristianismo generalmente, pero argumentarán que la liberación de la opresión incluye la resurrección y el regreso de Jesús.

A lo largo de este libro, regresaré en repetidas ocasiones al teólogo liberal Delwin Brown porque él expresa las ideas esenciales del cristianismo liberal de modo muy conciso y claro. Con algunos otros, en ocasiones es difícil decir exactamente a qué se refieren; ese nunca es el caso con Brown. En un diálogo con el teólogo conservador-evangélico Clark Pinnock, Brown dijo: «Para resumir mi perspectiva, la Biblia no es el criterio de la verdad»,[10] y «la Biblia no nos "moldea, pero sí nos forma"».[11] ¿A qué se refería al decir «nos forma»? Da forma a nuestras vidas; nos da guía y dirección; sin embargo, no ocupa un lugar de autoridad sobre nosotros. De nuevo, Brown declaró que la relación del cristiano con la

10. Clark H. Pinnock y Delwin Brown, *Theological Crossfire: An Evangelical/Liberal Dialogue* (Grand Rapids: Zondervan, 1990), p. 28.

11. Ibid., p. 29.

Biblia «no es de ser moldeado por el texto, ya sea en sus palabras precisas, en su espíritu general, sino de ser formado por la Biblia a medida que batallamos con su testimonio».[12] Testimonio ¿de qué? De la «gracia de Cristo», que es «absolutamente la mejor».[13] Sin embargo, cuando se trata de creer la verdad, Brown dijo que la Biblia no es el criterio. ¿Cuál es? «Lo mejor que se conoce acerca del resto del mundo», lo cual se concibe de nuevo en cada época.[14] En nuestra época, es concebido por las ciencias modernas y, con frecuencia erróneamente, como naturalista.

El historiador de teología liberal Kenneth Cauthen, él mismo un protestante liberal, expresó el enfoque liberal general de la Biblia con claridad. Según él, el cristianismo liberal ve la Biblia como «un testimonio del modo en que los pioneros de la fe verdadera conocieron y sirvieron a Dios en su propia generación».[15] Mientras que eso aviva y aclara la verdadera espiritualidad, «sus antiguas categorías deben ser revisadas a la luz del nuevo conocimiento».[16] ¿Qué antiguas categorías? Toda la literatura cristiana liberal deja claro que cualquier cosa que sea sobrenatural o milagrosa en la Biblia ha de ser recibida con dudas, si no negada, a excepción de como símbolos de transformación espiritual que pueden producirse en el interior del alma de una persona (y de una sociedad) mediante la «activación» del «Espíritu semejante a Cristo» que brilla por medio de ellas.[17] Podemos leer fácilmente la historia completa del liberalismo religioso estadounidense de Cauthen sin encontrar ninguna mención positiva a la autoridad de la Biblia, excepto como algo que los liberales quieren dejar a un lado a favor de las experiencias religiosas y el nuevo conocimiento de la modernidad.

---

12. Ibid., p. 245.
13. Ibid., p. 165.
14. Ibid., pp. 81, 82, 83.
15. Kenneth Cauthen, *The Impact of American Religious Liberalism*, 2nd ed. (1962; Lanham, MD: Univ. Press of America, 1983), p. 210.
16. Ibid., p. 211.
17. Ibid., p. 210.

Washington Gladden fue uno de los principales teólogos liberales estadounidenses honestos y valientes, y un líder en el movimiento del evangelio social. Contrariamente a algunos teólogos liberales posteriores, él no rechazaba la naturaleza única de la Biblia, pero sí llamaba a nuevas interpretaciones de ella basadas en la nueva «consciencia social» y «a la luz de este siglo».[18] Según él, las interpretaciones de la Biblia deben cambiar a la luz de esos cambios culturales, pero «una conservación sabia debe estar siempre unida a un radicalismo valiente».[19] Si tuvo éxito en esta unificación se decidirá en posteriores capítulos.

Los cristianos conservadores y ortodoxos no rechazan nuevas interpretaciones de la Biblia en cuanto a que estén basadas en hechos y no en preferencias y sensibilidades culturales. Solamente porque la cultura cambie no significa que la interpretación bíblica deba cambiar. El cristianismo liberal tiene demasiadas ganas de cambiar la interpretación de la Biblia para que encaje en las creencias y normas culturales, e incluso seculares. Esta era la queja del teólogo evangélico Clark Pinnock acerca de la teología liberal en su diálogo con Delwin Brown. Pinnock afirmaba que el problema principal del cristianismo liberal es «su aparente disposición a romper con la proclamación fundacional... Deja el camino abierto a reducir y distorsionar la Palabra de Dios bajo la presión de las ideas modernas».[20] Pinnock era ortodoxo en sus creencias cristianas básicas acerca de Dios, Jesucristo, la salvación y la Biblia, pero estaba dispuesto a reconsiderar las interpretaciones tradicionales y las doctrinas de la Biblia a la luz de los crudos hechos resaltados por las ciencias. También estaba dispuesto a alejarse de algunas creencias cristianas tradicionales cuando llegó a convencerse de que la Biblia había sido mal interpretada bajo las presiones, por ejemplo, de las filosofías griegas.

---

18. Washington Gladden, *Present Day Theology* (Columbus, OH: McClelland, 1913), pp. 16, 8.
19. Ibid., p. 20.
20. Pinnock y Brown, *Theological Crossfire*, p. 36.

Sin embargo, no creía que la Biblia debiera ser reinterpretada de modo radical solamente porque las personas contemporáneas tuvieran problemas para creerla.[21]

Henry Churchill King fue uno de los teólogos liberales estadounidenses más influyentes al inicio del siglo XX. Afirmaba que la Biblia es única e insuperable, algo que no era típico de los liberales.[22] También afirmaba la «autoría dual» de la Biblia por Dios y los profetas y apóstoles humanos; sin embargo, King argumentaba que la alta crítica de la Biblia requería una «revisión de la doctrina de la inspiración».[23] Con respecto a la autoría de Dios de la Biblia, King aseveraba que «Dios... probablemente en ningún momento intervino milagrosamente para obtener un resultado perfecto mecánicamente, cuando el resultado moralmente ideal no apareció. Él no dicta proposiciones ideales; él educa a los hombres».[24] Teólogos conservadores y ortodoxos como Pinnock (y muchos otros) estarán de acuerdo con lo que King negaba (por ej., el dictado divino) pero en desacuerdo con su aparente creencia en que la inspiración llegó a ser solamente iluminación de los corazones y las mentes de los autores humanos. Además, los teólogos conservadores y ortodoxos estarán en desacuerdo con la declaración de King de que «la Biblia... tal vez se conciba mejor como el registro de los encuentros preeminentes de Dios con hombres».[25] Es eso, pero también mucho más. Además, según King, «debemos aprender a distinguir en teología entre lo bíblico superficialmente y lo bíblico realmente».[26] La pregunta es cómo. Siguiendo «el espíritu de su época [la del teólogo]».[27]

---

21. Ver Clark H. Pinnock, *The Scripture Principle* (New York: Harper and Row, 1984).
22. Henry Churchill King, *Reconstruction in Theology* (New York: Macmillan, 1901), pp. 165–67.
23. Ibid., p. 155.
24. Ibid., p. 161.
25. Ibid., p. 158.
26. Ibid., p. 155.
27. Ibid.

King es más considerado como un teólogo mediador, ni totalmente liberal ni totalmente conservador-ortodoxo. En su reconstrucción de la teología cristiana se esforzó por mantenerse cerca del cristianismo tradicional, clásico y ortodoxo, pero a lo largo de su libro se alejó frecuentemente de ese campo para adentrarse en territorio determinado por el pensamiento moderno. Aunque quería tener una perspectiva elevada de la Escritura, parte de lo que escribió acerca de ella socavaba su autoridad y colocaba sobre ella lo mejor de la cultura, filosofía y ciencia modernas. Veremos eso cuando examinemos su reconstrucción de las doctrinas de Dios y Cristo.

L. Harold DeWolf también tenía algo de teólogo mediador; sin embargo, se identificaba como liberal. Sin duda, él no era tan radical como muchos otros liberales en sus reconstrucciones del cristianismo a la luz de la modernidad. Incluso dijo de sí mismo: «El autor... no es "liberal" en cualquier significado del término tal como se entiende ahora comúnmente en círculos teológicos estadounidenses».[28] Como ya hemos visto, sin embargo, argumentó que «el ánimo y el pensamiento de nuestra época» requieren un cambio en el modo en que comunicamos el evangelio.[29] Identificó dos características de la teología más antigua que él consideraba obstáculos para una comunicación razonable del evangelio hoy día: el literalismo bíblico y la resistencia de las ciencias naturales.[30] Para él, el cristianismo moderno debe ser, sobre todo, razonable en términos modernos.[31] Con respecto a la Biblia, argumentaba DeWolf, requiere una prudente «adaptación a la cultura»[32] que reconozca «el hecho claro... de que el nivel de verdad varía mucho en diferentes partes de la Biblia... Los escritos de la Biblia son los escritos de hombres, condicionados

---

28. L. Harold DeWolf, *The Case for Theology in Liberal Perspective* (Philadelphia: Westminster, 1959), p. 11.

29. Ibid., p. 43.

30. Ibid.

31. Ibid., p. 45.

32. Ibid., p. 58.

y limitados por sus épocas y sus peculiaridades individuales, aunque se elevaban frecuentemente hasta grandes alturas de expresión bajo la iluminación de la presencia autorreveladora de Dios. El lector que quiera oír la verdadera palabra de Dios en la lectura de la Biblia debe estar preparado para discriminar entre la Palabra de Dios y las palabras de hombres.[33] ¿Cómo se hace eso? Para DeWolf, con la forma verdaderamente liberal, la razón moderna es la clave. Un ejemplo de algo que él creía era que «la enseñanza en el límite» dentro de la Biblia, no necesaria o importante para el cristianismo moderno, es la existencia de «criaturas de Dios súper humanas».[34] Sin duda, se refería a los ángeles, Satanás, y los demonios.

Ciertamente, muchas personas seculares y modernas se sienten incómodas con la idea de «criaturas de Dios súper humanas» como los ángeles, Satanás, y los demonios. Sin embargo, ¿es la creencia en ángeles, Satanás y demonios tan irracional? Mucho después de que DeWolf prácticamente negara su existencia, a pesar del papel destacado que desempeñan en el drama bíblico, el psicólogo y autor M. Scott Peck (1936-2005) escribió el libro *People of the Lie: The Hope for Healing Human Evil* [Gente de la mentira: La esperanza para la curación de la maldad humana], exponiendo su creencia basada en la experiencia en lo demoniaco como un poder superhumano de maldad que, en ocasiones, es la única explicación para la maldad que las personas llevan a cabo.[35] Esta creencia surgió de sus experiencias con clientes en terapia, y en el libro incluso incluye estudios de caso de exorcismos en los que él mismo participó. Cuando Peck escribió el libro, era un psicólogo secular. Se convirtió en cristiano en parte debido a sus experiencias de maldad que no podían explicarse en términos puramente seculares.

---

33. Ibid., p. 48.
34. Ibid., p. 57.
35. M. Scott Peck, *People of the Lie: The Hope for Healing Human Evil* (New York: Simon and Schuster, 1983).

¿Se precipitan DeWolf y otros teólogos liberales cuando descartan categorías completas de personajes y acontecimientos en la Biblia solo porque creen que son increíbles para las personas modernizadas? Probablemente así sea. Alguien no puede en realidad confesar que la Biblia es la Palabra de Dios y al mismo tiempo negar la realidad, de la forma que se describe exactamente, de poderes súper personales de bien y mal en un ámbito espiritual que está más allá del descubrimiento científico.

El teólogo liberal Donald E. Miller se dirigió a la Biblia desde la perspectiva de la fe como «compromiso dificultoso».[36] Según él, los cristianos liberales son personas «en un estado de incredulidad, que batallan para encontrar algún modo constructivo de dar sentido a nuestras experiencias».[37] Para él, la Biblia contiene verdad dentro de formas humanas. Las formas humanas son símbolos y metáforas, e incluso «construcciones sociales».[38] Distinguía entre la forma y la sustancia dentro de la Biblia, siendo las formas ficticias mientras que la sustancia es o puede ser real.[39] Para él, la sustancia es «la forma simbólica de Jesús».[40] Esta aseveración revela su confusión. ¿Es Jesús forma o sustancia? ¿Puede Miller distinguir realmente entre ambos tan claramente? Para él, la Biblia es «susceptible a todos los cánones de análisis moderno histórico y literal», y su autoridad es siempre sopesada por la autoridad de la razón.[41]

Miller era un defensor del realismo simbólico. Lo que realmente importa para el cristianismo, afirma él, es «el misterio de la experiencia cristiana... que hay una Realidad que permanece tanto en el interior como más allá de nuestros símbolos

36. Donald E. Miller, *The Case for Liberal Christianity* (San Francisco: Harper and Row, 1981), p. 23.
37. Ibid., p. 3.
38. Ibid., p. 15.
39. Ibid.
40. Ibid., p. 137.
41. Ibid., pp. 36, 35.

creados humanamente».[42] La Biblia, entonces, consiste en símbolos creados humanamente que señalan a la «Realidad». Todos nuestros conceptos de esa realidad, incluso los que se encuentran en la Biblia, son «ficticios» en naturaleza, y son solamente «representaciones de lo Sagrado». Miller cae en contradicción consigo mismo de nuevo cuando dice: «La Realidad es siempre una construcción social».[43] Parece que nada *no* es una construcción social. ¿Qué hay entonces de la distinción entre forma y sustancia? Al final, incluso la sustancia es ficticia. Lo que significa realmente el cristianismo sigue siendo asombrosamente difuso, excepto que es «un paradigma simbólico común».[44] Y la única importancia de la Biblia está en que da lugar a ese paradigma. En última instancia, Miller confiesa que su fe es «obediencia vacía de creencia».[45] Pero obediencia ¿a qué? ¿Cómo es diferente la Biblia para Miller de *El señor de los anillos*? Incontables millones de jóvenes en todo el mundo creen que ese clásico de épica fantástica es la fuente de su universo simbólico que da lugar a su obediencia a cierto modo de vida. ¿Por qué considerar la Biblia mejor y más autoritativa que cualquier otro libro?

Si crees que estoy representando mal a Miller, considera de nuevo estas declaraciones de su libro *El caso del cristianismo liberal*: «He renunciado a intentar zanjar la cuestión de la resurrección, si Jesús nació de una virgen, si hizo ver a ciegos y caminar a paralíticos».[46] «Ahora me siento cómodo al recitar el credo sin editarlo o sintiendo que me remuerde la conciencia si afirmo algo que no creo literalmente».[47] Hace años atrás, vi un libro titulado *He abandonado mi búsqueda de la verdad y ahora busco*

---

42. Ibid., p. 20.
43. Ibid., p. 6.
44. Ibid., p. 10.
45. Ibid., p. 4.
46. Ibid., p. 5.
47. Ibid.

una buena fantasía, del gurú de autoayuda Ashleigh Brilliant.[48] Miller podría decir que él ha encontrado una buena fantasía: su cristianismo liberal.

Marcus Borg fue un miembro destacado del Seminario de Jesús, un colectivo de altos críticos de la Biblia, especialmente de los Evangelios del Nuevo Testamento, que iban en busca del Jesús histórico. En su libro *El Dios que nunca conocimos*, Borg promueve la alta crítica de los Evangelios y afirma que «declaraciones [en los Evangelios] en las que Jesús afirma un estado exaltado para sí mismo no se encuentran en las primeras capas» de las tradiciones orales y escritas que están detrás de los Evangelios.[49] Para él, y para la mayoría de los cristianos liberales, los Evangelios son productos de tradiciones transmitidas a lo largo de los siglos primero y segundo y, por lo tanto, no pueden considerarse fuentes confiables para lo que Jesús dijo o hizo realmente. Gran parte de lo que los Evangelios registran como frases de Jesús son simplemente frases de profetas cristianos posteriores, por ejemplo, afirmando hablar en nombre de Jesús. O las frases son simplemente mitos desarrollados en círculos cristianos antiguos para exaltar a Jesús a un estado divino.[50] La alta crítica revela supuestamente que «Jesús no hablaba de sí mismo (y parece que no pensaba de sí mismo) como divino».[51] El nacimiento virginal de Jesús y su resurrección son mitos, y su muerte fue simplemente un martirio.[52]

Claramente, Borg no considera que la Biblia es verdad en ningún sentido histórico. Presumiblemente, entonces, estaría de acuerdo con Miller en que la Biblia es una fuente de símbolos e imágenes que expresan experiencias de Dios. ¿Qué experiencias de Dios? «La vida cristiana significa dirigirse y entrar

48. Ashleigh Brilliant, *I Have Abandoned My Search for Truth and Am Now Looking for a Good Fantasy* (Brilliant Enterprises, 1981).

49. Marcus J. Borg, *The God We Never Knew: Beyond Dogmatic Religion to a More Authentic Contemporary Faith* (New York: HarperCollins, 1997), p. 88.

50. Ibid., pp. 88, 102.

51. Ibid., p. 88.

52. Ibid., pp. 101–2.

en una relación con quien ya tiene una relación con nosotros», dice Borg.[53]

Tal vez ningún teólogo liberal ha sido tan radical en su rechazo de las creencias cristianas tradicionales acerca de la Biblia como John Shelby Spong. Para el difunto obispo episcopal, «la Biblia no es la palabra de Dios en ningún sentido literal o verbal. ¡Nunca lo ha sido!»[54] Lo que es importante para el cristianismo, escribió en su libro *Por qué el cristianismo tiene que cambiar o morir*, es «la experiencia de Jesús», la cual tiene que estar separada del Nuevo Testamento y de los desarrollos doctrinales de la iglesia.[55] Para él, todo en el Nuevo Testamento (¡ni se molesta en el Antiguo Testamento!) es una interpretación histórica-mítica desarrollada dentro de las iglesias del primer siglo de sus experiencias de lo sagrado por medio de su encuentro con Jesucristo. Sin embargo, incluso lo que dice el Nuevo Testamento sobre Jesús es más mítico que histórico. Spong sitúa en esa categoría la resurrección de Jesús y su preexistencia como el Hijo de Dios en los cielos.[56]

Por lo tanto, ¿qué queda del Nuevo Testamento para Spong? Para él, los Evangelios son «preciados relatos bíblicos» e «historia… interpretada de maneras bastante dramáticas y fantasiosas».[57] ¿Cómo sabe él eso? Simplemente debido «al modo en que ahora se entiende la vida», «la luz de las comprensiones contemporáneas del mundo».[58] De nuevo, un cristiano liberal eleva el pensamiento moderno al estado de ser una autoridad por encima de la Biblia, y él interpreta el *pensamiento moderno* requiriendo una comprensión naturalista de la realidad. Sin duda, también esto podría ser meramente una forma de humanidad pasajera.

53. Ibid., p. 79.

54. John Shelby Spong, *Why Christianity Must Change or Die: A Bishop Speaks to Believers in Exile* (San Francisco: HarperSanFrancisco, 1998), p. 72.

55. Ibid., p. 73.

56. Ibid., p. 80.

57. Ibid., p. 15.

58. Ibid., pp. 16, 19.

Al final de este recorrido de relatos de la Biblia por parte del cristianismo liberal, nuestra conclusión más honesta debe ser que ha cortado el cordón de continuidad entre él mismo y el cristianismo clásico y ortodoxo hasta tal punto y finalmente, que lo que queda es irreconocible como auténticamente cristiano. Los cristianos ortodoxos puede que nunca estén totalmente de acuerdo en los detalles de la Biblia, la relación entre la Biblia y la tradición, o la interpretación de pasajes poco claros de la Biblia, pero siempre hemos estado de acuerdo en que la Biblia es la Palabra de Dios escrita, inspirada de modo sobrenatural y autoritativa sobre modas y tendencias culturales.

4

DIOS SEGÚN LA TEOLOGÍA LIBERAL

Revisar la doctrina cristiana tradicional de Dios ha sido un proyecto importante de la teología cristiana liberal moderna. Probablemente, ningún otro tema ha consumido tanta atención en la literatura de la teología liberal. Este tema incluye la acción divina y especialmente los milagros. La mayoría de los pensadores cristianos liberales no creen en intervenciones divinas sobrenaturales en la naturaleza o la historia; sin embargo, las revisiones son más profundas. La mayoría de los pensadores cristianos liberales se oponen a la idea de una deidad trascendente, soberana y personal como la que enseña y adora el cristianismo clásico y ortodoxo.

Algunos críticos tratarán de argumentar que los cristianos siempre han estado en desacuerdo acerca de Dios, que siempre ha habido más diversidad de opinión acerca de Dios que una creencia uniforme. Es cierto que los cristianos han debatido por mucho tiempo detalles acerca de la doctrina de Dios.[1] No tiene

1. De nuevo, recomiendo mi libro *The Mosaic of Christian Belief: Twenty Centuries of Unity and Diversity*, 2nd ed. (Downers Grove, IL: InterVarsity Press, 2016), especialmente sus capítulos sobre Dios.

caso ocultar el hecho de que los cristianos ortodoxos han estado en desacuerdo por mucho tiempo acerca de asuntos secundarios, como por ejemplo la naturaleza exacta de la relación de Dios con el tiempo, la inmutabilidad de Dios (que nunca cambia), la extensión exacta del poder de Dios, y las «obras» interiores de la Trinidad. Sin embargo, por debajo de esos desacuerdos existe un consenso acerca de Dios. Según el cristianismo tradicional, sobre la base del testimonio bíblico y la razón, Dios es absoluto en el sentido de no estar condicionado por nada fuera de sí mismo. Dios puede limitar su poder, pero nada fuera de Dios limita el poder de Dios. Dios interviene en la naturaleza y la historia con actos comúnmente llamados milagros: acontecimientos que nunca pueden explicarse naturalmente. Dios es el creador de todo lo que existe fuera de sí mismo, habiendo creado el universo de la nada. Estos y muchos otros conceptos unificadores de Dios han proporcionado una unidad importante entre la diversidad de creencias cristianas sobre Dios a lo largo de los siglos, hasta el surgimiento de la cosmovisión secular y moderna.

Antes del primer teólogo liberal, Friedrich Schleiermacher, muchos librepensadores escépticos como el deísta y filósofo David Hume (1711-1776), que era agnóstico si no ateo, cuestionaron y difamaron las creencias cristianas ortodoxas acerca de Dios, en especial los milagros. Los primeros unitarios cuestionaron la Trinidad y llegaron a dudar de los milagros, pero Schleiermacher fue el primer teólogo-ministro protestante tradicional que negó abiertamente los milagros como la resurrección corporal de Jesús (y salió impune). Schleiermacher abrió las compuertas del pensamiento liberal-modernista entre protestantes primero en Europa y después en los Estados Unidos y en todo el mundo.

Una etiqueta útil para la creencia cristiana ortodoxa acerca de Dios es el *teísmo cristiano*. Usaré este término para indicar la creencia cristiana tradicional y bíblica-ortodoxa acerca de Dios. Los contornos básicos del teísmo cristiano incluyen que Dios es trascendente e inmanente, amor sagrado, autosuficiente, soberano (incluso si limita su control sobre las decisiones y acciones de criaturas libres), real de modo supremo y definitivo, ser mismo, el origen y fundamento de todo ser, completamente sabio y fiel. Además, Dios es omnipotente (algunos prefieren el término *todopoderoso*), omnisciente y omnipresente: los tres «omni» del teísmo clásico tradicional. Finalmente, por ahora, Dios se interesa e interviene en la naturaleza y la historia con actos de poder, amor y justicia que trascienden cualquier explicación natural. Los milagros no son, como los llamó Hume, «quebrantamientos» de las leyes naturales; son, como explicó C. S. Lewis en su libro *Milagros*, suspensiones de las operaciones normales de las leyes naturales.[2] Según el pensamiento cristiano clásico y ortodoxo, las leyes naturales no son leyes blindadas y separadas de Dios, partes de una gran maquinaria cósmica que existe frente a Dios, sino operaciones de la providencia general de Dios. Por lo tanto, suspender una o más de ellas no es lo mismo que quebrantarlas. Dios no tiene que irrumpir en la naturaleza para actuar milagrosamente o sobrenaturalmente. Él simplemente suspende el funcionamiento ordinario de sus propias operaciones para hacer que se produzca un milagro.

De alguna forma, ha caído un hechizo sobre las mentes cristianas modernistas-liberales, haciéndoles pensar que la ciencia moderna excluye de un modo o de otro los milagros: intervenciones especiales de Dios en la naturaleza y la historia. La mayoría de los cristianos liberales creen que hay que escoger entre tener una mente científica y creer en el teísmo clásico. Sencillamente, no es ese el caso, como argumentó el teólogo cristiano Horace Bushnell (1802-1976) contundentemente en *Nature and the Supernatural* [La naturaleza y lo sobrenatural].[3] La ironía aquí está en que Gary Dorrien y otros expositores del cristianismo liberal incluyen normalmente a Bushnell como el ejemplo sobresaliente de un ministro-teólogo cristiano liberal estadounidense. Aunque Bushnell

---

2. C. S. Lewis, *Miracles* (New York: Macmillan, 1947).
3. Horace Bushnell, *Nature and the Supernatural* (New York: Scribner, 1858).

sí revisó algunas doctrinas tradicionales como la expiación, no era un teólogo liberal típico. En contra de la creciente marea del unitarismo y el protestantismo liberal en los Estados Unidos y Europa, defendió incondicionalmente la creencia en los milagros a la vez que aceptaba los avances de la ciencia moderna.[4]

En este capítulo citaré a varios pensadores cristianos modernistas-liberales destacados, y ofreceré algunas de sus ideas acerca de Dios que demuestran que cortaron el cordón de continuidad con el cristianismo bíblico-ortodoxo. En cada caso, mencionaré sus ideas sobre los milagros, mostrando que los niegan efectivamente. Donde sea apropiado, mencionaré sus creencias acerca de la Trinidad. Se podría escribir un libro entero sobre las revisiones cristianas liberales de la doctrina de Dios; aquí tendré que abreviar considerablemente.

Según Dorrien, el cristianismo liberal en los Estados Unidos surgió de un deseo de descubrir un «tercer camino» entre las ortodoxias basadas en la autoridad del cristianismo tradicional y el «materialismo sin entusiasmo del ateísmo/deísmo moderno».[5] Un ímpetu para tal descubrimiento fue el romanticismo de pensadores cristianos como Samuel Taylor Coleridge (1772–1834) y Ralph Waldo Emerson (1803–1882). Coleridge era un cristiano ortodoxo, pero hacía hincapié en la inmanencia de Dios, como han hecho y hacen todos los cristianos liberales. Emerson era unitario, pero objetaba al racionalismo en la religión y subrayaba el sentimiento, e interpretaba a Dios como el «Superalma» del universo (una visión de Dios mal catalogada como *trascendentalismo*). Igualmente, Schleiermacher era un romántico

---

4. Gary Dorrien es ambivalente acerca de Bushnell y su legado. Ver el capítulo 3 de Gary Dorrien, *The Making of American Liberal Theology: Imagining Progressive Religion, 1805–1900* (Louisville: Westminster John Knox, 2001), pp. 111–78, el capítulo más largo dedicado a un individuo en el conjunto de tres volúmenes de Dorrien. Por un lado, Dorrien trata a Bushnell como el teólogo liberal estadounidense más importante e influyente del siglo XIX. Por otro lado, admite que Bushnell realmente no encajaba en el perfil de un teólogo liberal, catalogando su teología como «ortodoxia progresista».

5. Ibid., xiii.

que subrayaba la relación humana con Dios como sentimiento (*Gefühl*). Alentaba fuertemente la creencia en la trascendencia de Dios mientras que al mismo tiempo fomentaba la creencia en la inmanencia de Dios de un modo nuevo y poco ortodoxo. Los críticos lo acusaban frecuentemente de panteísmo; una falsa acusación, y sin embargo una idea que pudo surgir fácilmente de su énfasis en la inmanencia de Dios en la humanidad.

Al final, los cristianos liberales se decidieron por el panenteísmo como el tercer camino. El panenteísmo es la idea de que Dios y el mundo son interdependientes, que Dios no creó el universo de la nada, que Dios es inmanente en el mundo y el mundo es inmanente en Dios. Esto comenzó formalmente con el filósofo-teólogo alemán Georg Wilhem Friedrich Hegel (1770-1831), quien se consideraba a sí mismo un cristiano protestante pero revisó de modo radical la doctrina de Dios, catalogando a Dios como el «Espíritu Absoluto» y describiendo a Dios como que se actualiza a sí mismo en la historia humana y por medio de ella. Algunas versiones de esta comprensión panenteísta de Dios se abrieron camino hasta la teología protestante liberal en Europa y los Estados Unidos en los siglos XIX y XX, y el panenteísmo se convirtió en el tercer camino aceptado que mencionó Dorrien.

Según los influyentes historiadores Cauthen y Hutchison, la esencia del cristianismo liberal incluye una idea nueva y un énfasis nuevo en la inmanencia de Dios. Ese énfasis, sin embargo, no se traduce a la creencia en la providencia especial de Dios en las intervenciones milagrosas. Según Cauthen, la teología liberal está marcada por «una cosmovisión liberal dominante» que él cataloga como «monismo».[6] Cauthen explica: «En pocas palabras, el universo es un proceso dinámico y unificado activado por un Espíritu inmanente semejante a Cristo cuya meta suprema es el establecimiento de un reino de amor y hermandad

6. Kenneth Cauthen, *The Impact of American Religious Liberalism*, 2nd ed. (1962; Lanham, MD: Univ. Press of America, 1983), p. 209.

en la tierra».[7] «No son necesarias revelaciones milagrosas especiales».[8] Para la mayoría de los cristianos liberales, Dios es ese «Espíritu inmanente semejante a Cristo». Lo que falta es la creencia ortodoxa en la trascendencia de Dios.

Hutchison está de acuerdo con Cauthen acerca de esta cosmovisión liberal dominante que impregna el pensamiento cristiano liberal. A lo largo del libro *The Modernist Impulse in American Protestantism* [El impulso modernista en el protestantismo estadounidense] se refiere al tema de la inmanencia de Dios como parte del fundamento de la teología modernista-liberal. Para él, la inmanencia divina es una de las tres ideas modernistas permanentes que definen el cristianismo liberal.[9]

El pastor y teólogo liberal Washington Gladden se refirió a la inmanencia de Dios como «el único concepto gobernante en la teología actual».[10] Según Gladden: «La idea de la inmanencia de Dios; la idea de que el método de creación de Dios es el método de la evolución; la idea de que la naturaleza en todos sus significados más profundos es sobrenatural; la idea de la presencia constante de Dios en nuestras vidas; la idea de la Paternidad divina universal y de la Hermandad humana universal, con todo lo que implica; estas son idean que están aquí para quedarse».[11] Para ser justos, Gladden no negaba los milagros; buscaba definirlos como «la actuación de alguna ley no descubierta todavía, algún principio de vida más profundo y más divino cuya operación ha de ser revelada».[12] Sin embargo, al mismo tiempo afirmaba la uniformidad de la ley natural como «nuestro modo moderno de ver las cosas».[13] Hay cierta tensión entre estos conceptos que Gladden no resolvió.

7. Ibid., p. 210.
8. Ibid.
9. William R. Hutchison, *The Modernist Impulse in American Protestantism* (1976; New York and Oxford: Oxford Univ. Press, 1982), p. 311.
10. Washington Gladden, *Present Day Theology* (Columbus, OH: McClelland, 1913), p. 13.
11. Ibid., pp. 6–7.
12. Ibid., p. 45.
13. Ibid., p. 44.

El problema con la perspectiva de Dios de Gladden y de otros teólogos liberales no es lo que afirman sino lo que niegan y por qué lo niegan. Una afirmación de la inmanencia de Dios no es un problema para el cristianismo ortodoxo. Aunque Gladden parecía afirmar los milagros, también parecía negar las intervenciones divinas, reduciendo los milagros a acontecimientos naturales con causas que todavía no se comprenden. Rechazaba «el concepto gobernante de Dios como Soberano, Dirigente, Gobernador moral «a favor del «concepto gobernante de Dios como Padre».[14] Y creía eso debido a la «consciencia histórica» moderna y la «consciencia social». «Nuestros pensamientos sobre Dios serán modificados por estas ideas; nuestras explicaciones de sus relaciones con nosotros serán afectadas por ellas».[15] De nuevo, la paternidad de Dios no es el problema; el problema es la negación de Dios como dirigente soberano y gobernador moral.

Henry Churchill King vivió y escribió libros como *Reconstruction in Theology* [La reconstrucción en la teología] en torno a la misma época que Gladden, durante el apogeo del protestantismo liberal en los Estados Unidos. Con la llegada del siglo XX estas ideas eran nuevas y emocionantes; muchas personas consideraban el cristianismo liberal una liberación de conceptos limitantes de Dios que entraban en conflicto con las sensibilidades modernas acerca de la naturaleza y la humanidad. Según King, «la teología debe desarrollarse a medida que se desarrolla la ciencia».[16] La teología debe reconstruirse debido a la extendida insatisfacción con declaraciones y formulaciones doctrinales tradicionales.[17] King podría ser considerado un teólogo mediador en cuanto a que se esforzó por hacer justicia a «ciertas convicciones de nuestra propia época» que requieren «que se reescriba la

---

14. Ibid., p. 29.
15. Ibid., p. 17.
16. Henry Churchill King, *Reconstruction in Theology* (New York: Macmillan, 1901), p. 2.
17. Ibid., pp. 15–20. Esta es mi paráfrasis condensada de lo que King argumenta en estas páginas.

teología: una nueva teología»[18] mientras que al mismo tiempo se preserva la trascendencia de Dios[19] y los milagros. Sin embargo, al igual que Gladden y otros teólogos liberales, King promovía un «mayor énfasis en la inmanencia de Dios»[20] llegando tan lejos como para afirmar la existencia de «un Infinito desconocido que ofrece una conexión causal real» a todos los acontecimientos en la naturaleza.[21] También como Gladden, King se esforzó por aferrarse a los milagros, pero solamente como actos inusuales de Dios en consonancia con la ley natural. Si se produce un milagro, el cristiano liberal debería considerarlo la «amorosa adaptación de Dios de sus actos en la naturaleza» en lugar de como cualquier intervención de Dios en las operaciones de la naturaleza.

Al igual que Gladden, lo que King afirmaba no es tanto el problema para los cristianos ortodoxos, sino lo que negaba. Implícita en su afirmación de «la universalidad de la ley» está una negación de las intervenciones trascendentes de Dios de maneras que la ciencia nunca podría explicar. Él afirmó: «Dios siempre actuará en consonancia con la ley; o sea, en perfecta consistencia con su propósito de amor inmutable; pero su acto puede que no siempre pueda formularse bajo cualquiera de las leyes de la naturaleza que conocemos».[22] La implicación es que alguna ley de la naturaleza puede explicar cualquier milagro dado, incluso si todavía no conocemos esa ley de la naturaleza. Esto parece encerrar a Dios en la naturaleza y es impulsado por la creencia en el supuesto descubrimiento de la ciencia de «la universalidad de la ley».[23]

Un enfoque mejor sería afirmar, juntamente con Bushnell y Lewis, que las leyes de la naturaleza son percepciones humanas de las regularidades de la providencia general de Dios, pero

18. Ibid., p. 29.
19. Ibid., p. 108.
20. Ibid., p. 86.
21. Ibid., p. 103.
22. Ibid., p. 61.
23. Ibid., p. 56.

algunas veces Dios actúa de maneras extraordinarias que no están controladas por ninguna ley natural. El testimonio bíblico está lleno de tales eventos, incluida la resurrección de Jesucristo. ¿Qué ley podría posiblemente explicar eso? La resurrección de Jesús no fue una mera resucitación de un cadáver; había adoptado una clase de vida nueva adecuada para el cielo. La resurrección trasciende cualquier ley que se pudiera pensar que la ciencia descubriría. Tanto Gladden como King deberían ser elogiados por intentar integrar el cristianismo en la ciencia moderna y viceversa, pero los dos se quedan muy cortos al sucumbir a la idea de que incluso Dios debe actuar como actúa la naturaleza: según las leyes. Esto coloca el concepto de la ley natural por encima de Dios, en lugar de que Dios esté por encima de la ley natural.

El cristianismo ortodoxo no tiene ningún problema con que Dios obedezca las leyes que son parte de su carácter; Dios tiene un carácter eterno e inmutable que gobierna (no controla) sus acciones. Por ejemplo, Dios no puede mentir; Dios no puede romper promesas. Eso se debe a que Dios es veraz y fiel. El problema con la propuesta de King es que intenta imponer a Dios un concepto de la ley casi científico, como en «leyes de la naturaleza». Para King, las leyes conocidas de la naturaleza son simplemente ampliadas para incluir las leyes de la naturaleza desconocidas, y ambas limitan la actividad de Dios. No está claro si esa era la intención de King; tal vez no lo era. Sin embargo, si no lo era, debería haber sido más prudente en su lenguaje acerca de que Dios siempre actúa según las leyes. Basándonos en la historia y el testimonio bíblicos, Dios está por encima de todas las leyes a excepción de las de su propia naturaleza, y sí interviene en las operaciones ordinarias de la naturaleza de maneras que trascienden las leyes que los seres humanos pueden descubrir.

L. Harold DeWolf destaca de entre la multitud de pensadores cristianos liberales como una excepción en su concepto de Dios. Él afirmó una doctrina de Dios ortodoxa, incluyendo la providencia especial de Dios: actos divinos que trascienden la razón y la ley científica.[24] Eso no es lo mismo que decir que DeWolf aceptaba el irracionalismo, pues no lo hacía. Subrayaba la razón en la teología pero no veía ningún motivo por el cual las intervenciones especiales de Dios deberían ser irracionales en cuanto a que Dios es una parte de la cosmovisión. La cristología de DeWolf no es ortodoxa, como mostraré en el capítulo siguiente, pero él afirmaba la Trinidad, lo cual parece inconsistente con su doctrina de la persona de Jesucristo. (Esta distinción la explicaremos en el capítulo 5). La doctrina de la Trinidad de DeWolf sufre de algunas inconsistencias. Con frecuencia se refiere a Padre, Hijo y Espíritu Santo como «modos de la revelación de Dios», y sin embargo también los trata como personas distintas, contradiciendo así el unitarismo, el deísmo, y el trascendentalismo.[25]

Al igual que muchos cristianos liberales, DeWolf era asombrosamente inconsistente. Afirmaba los actos divinos especiales de la providencia especial (milagros), pero cuestionaba la verdad literal del nacimiento virginal de Jesucristo y la resurrección.[26] En ocasiones parecía querer, al menos en *The Case for Theology in Liberal Perspective* [El caso de la teología en la perspectiva liberal], tener su pastel y también comérselo. Batallaba para aferrarse al evangelio a la vez que desmitificaba acontecimientos bíblicos como la segunda venida de Jesucristo.[27] Sus tendencias liberales quedarán enfocadas con mayor claridad en capítulos posteriores, pero se le debe dar el mérito por intentar al menos evitar la revisión radical del cristianismo en la cual han caído algunos pensadores liberales.

El teólogo liberal Delwin Brown, en su diálogo con el teólogo conservador Clark Pinnock, argumentaba que se debe adoptar un nuevo concepto de Dios en cada época.[28] «Para ser defendi-

24. L. Harold DeWolf, *The Case for Theology in Liberal Perspective* (Philadelphia: Westminster, 1959), p. 85.

25. Ibid., pp. 110–14.

26. Ibid., pp. 74–82.

27. Ibid., p. 179.

28. Clark H. Pinnock y Delwin Brown, *Theological Crossfire: An Evangelical/Liberal Dialogue* (Grand Rapids: Zondervan, 1990), pp. 82–83.

ble, suponen los cristianos liberales, un concepto de Dios debe ser consistente con lo mejor que se conoce acerca del resto del mundo».[29] De nuevo, como destaca Pinnock, esto no es malo en sí mismo. El punto clave sobre el que se puede debatir radica en el verbo «se conoce». Lo que se cree que se conoce acerca del mundo cambia todo el tiempo, y nunca socava las verdades básicas que proclama el cristianismo acerca de Dios. Las ideas culturales pueden socavar verdades cristianas básicas, pero esas ideas no pueden afirmar ser conocimiento que socava la creencia en Dios o en la autorrevelación de Dios. Ambas están en planos diferentes. Lo que Brown y la mayoría de los otros liberales afirman como «lo mejor que se conoce acerca del resto del mundo» resulta ser con frecuencia conceptos de realidad culturales y efímeros.

El problema de Brown aparece cuando afirma que los cristianos modernos deben creer que Dios y el mundo son interdependientes (lo cual se conoce como panenteísmo).[30] «El ser de Dios está entrelazado con el del mundo».[31] Esa es la expresión liberal que ofrece Brown de la inmanencia de Dios, y le conduce a negar la omnipotencia de Dios.[32] Uno tiene que preguntase, como lo hace Pinnock, cómo cualquier conocimiento moderno acerca de la realidad puede requerir tales conclusiones. Brown es un defensor de un tipo en particular de teología liberal conocida como teología del proceso, que surge de la filosofía de Alfred North Whitehead (1861-1947). La filosofía y la teología del proceso incluyen la creencia en limitaciones esenciales de Dios y en «llegar a ser» en relación con la realidad del mundo siempre cambiante. Eso es muy especulativo e indemostrable; y entra en conflicto profundamente con el cristianismo ortodoxo. ¿Cuál es su propósito y su valor? No que encaja en el mejor conocimiento acerca del mundo sino que supuestamente resuelve el problema del mal. Si Dios

---

29. Ibid., p. 81.
30. Ibid., p. 85.
31. Ibid., p. 87.
32. Ibid., p. 86.

siempre está llegando a ser y no es omnipotente, entonces Dios no es responsable del mal y de que sufran los inocentes en el mundo. Esta idea es atractiva para muchas personas después del siglo XX tan genocida, pero se ofrece a expensas de la confianza en cualquier victoria futura del bien sobre el mal. Como dijo un crítico, lo único malo de la teología del proceso es que es una alternativa muy atractiva para el cristianismo. Brown no parece entender eso.

Donald E. Miller presenta una de las versiones más radicales del cristianismo liberal en *El caso del cristianismo liberal.* Para él, al igual que para muchos pensadores cristianos liberales, «Dios es sinónimo de la búsqueda de la completitud humana, la confianza en el significado supremo de la existencia humana».[33] Dios es, afirma Miller, «la fuerza de la vida».[34] Estas dos afirmaciones difícilmente son coherentes. ¿Cuál de ellas es? ¿Es Dios la búsqueda y la confianza, o es Dios la fuerza de la vida? ¿O es Dios ambas cosas? Miller no explica cómo Dios es o podría ser ambas. Decir que Dios es «la búsqueda de» parece inconsistente con una afirmación metafísica acerca de la inmanencia de Dios como «la fuerza de la vida». En cualquiera de los casos, el Dios de Miller no es el Dios del cristianismo ortodoxo-bíblico.

Al igual que Brown, Miller afirma que las revisiones que hace el cristianismo liberal de doctrinas cristianas clásicas se basan en el intento de «comprender a Dios... en términos del mejor conocimiento científico disponible y el análisis social».[35] Sin embargo, ¿cómo el conocimiento científico y/o el análisis social producen un requisito de revisar la doctrina de Dios? No lo hacen, a menos que se incluya de contrabando el naturalismo, lo cual sucede con frecuencia, y erróneamente.[36]

---

33. Donald E. Miller, *The Case for Liberal Christianity* (San Francisco: Harper and Row, 1981), p. 37.

34. Ibid., p. 38.

35. Ibid., p. 33.

36. Para una crítica devastadora que demuestra que el naturalismo no es solamente requerido por la ciencia sino que realmente socava la ciencia, ver Alvin Plantinga, *Where the Conflict Really Lies: Science, Religion, and Naturalism* (New York: Oxford Univ. Press, 2011).

Peter Hodgson se hace eco de Brown y de otros teólogos liberales del proceso cuando en *Liberal Theology: A Radical Vision* [La teología liberal: Una visión radical] escribe que «Dios no es estático y trascendente más allá, sino que está llegando a ser Dios mediante la interacción y la personificación en el mundo».[37] Esa es una declaración concisa de la teología del proceso y una mera aseveración: no puede ser demostrada por la Escritura, la tradición, la razón, o la experiencia. En realidad, sin embargo, Hodgson apela al filósofo alemán Hegel, quien escribió mucho antes del nacimiento de la teología del proceso. Para Hodgson y Hegel, Dios debería entenderse como un «Espíritu en evolución».[38] Para ser justos, Hodgson, al igual que la mayoría de los pensadores del proceso, afirma que Dios es libre y personal, pero igual que la mayoría (o todos) los pensadores del proceso, también involucra a Dios tan profundamente en el mundo y sus procesos, que Dios pierde el poder para vencer al mal. La perspectiva de Dios que tiene Hodgson es un ejemplo de panenteísmo: la idea que se remonta al menos hasta Hegel que afirma que Dios y el mundo son interdependientes. Es bien sabido que Hegel dijo: «Sin un mundo, Dios no es Dios».[39] Hodgson se hace eco de eso cuando escribe: «La historia no es... una atracción secundaria sino constitutiva de la vida divina»,[40] y «Dios actualiza su ser en el mundo y por medio del mundo».[41]

Hodgson llega hasta el extremo de negar que el Espíritu Santo o cualquiera de las personas de la Trinidad preexistían en la historia. «El Espíritu Santo no es algo que existe con antelación como una persona sobrenatural de la deidad. No existe tal cosa como personas preexistentes en Dios, sino más bien potenciales

---

37. Peter Crafts Hodgson, *Liberal Theology: A Radical Vision* (Minneapolis: Fortress, 2007), p. 22.

38. Ibid., p. 37.

39. Citado en Quentin Lauer, *Hegel's Concept of God* (Albany, NY: State Univ. of New York Press, 1982), p. 79.

40. Hodgson, *Liberal Theology*, p. 43.

41. Ibid., p. 45.

para relaciones que se vuelven reales cuando Dios crea el mundo».[42] Esta afirmación de que Dios crea el mundo parece inconsistente con la afirmación que hace Hodgson: «Las relaciones en la trinidad adoptan el carácter de sujetos personales solamente en relación con el mundo».[43] Francamente, no puedo dar ningún sentido a estas ideas opuestas. ¿Cómo podría Dios crear el mundo si Dios no es real antes de que el mundo llegara a existir y si Dios se vuelve personal solamente en relación con el mundo?

El cristianismo ortodoxo-bíblico depende de la creencia en la realidad de Dios con antelación. Dios es plenamente real antes de que el mundo llegue a existir, y el mundo puede llegar a existir solamente porque Dios lo precede con su ser totalmente real. Eso no es lo mismo que decir que Dios no puede tener nuevas experiencias en relación con el mundo. La narrativa bíblica indica que lo hace; sin embargo, Dios no depende del mundo para ser plenamente y perfectamente Dios. El panenteísmo está un paso tan alejado del consenso del cristianismo ortodoxo acerca de Dios, que en realidad no puede ser considerado auténticamente cristiano.

El teólogo liberal Marcus Borg tiene razón al aseverar: «Cómo pensemos acerca de Dios importa».[44] Sin embargo, en su libro *El Dios que nunca conocimos* recomienda con fuerza el panenteísmo como el mejor modo de reconsiderar a Dios en la cultura contemporánea.[45] Relata con cierto detalle sus «imágenes» de Dios de su niñez y juventud que se desarrollaron a partir de experiencias en la iglesia. Parece que fue guiado a creer en un Dios distante, remoto, y totalmente trascendente. Más adelante en la vida, siendo un erudito preparado en el Nuevo Testamento, comenzó a pensar en Dios como más inmanente que trascendente. En efecto, argumenta que el panenteísmo balancea la inmanencia y

42. Ibid., p. 39.

43. Ibid., p. 40.

44. Marcus J. Borg, *The God We Never Knew: Beyond Dogmatic Religion to a More Authentic Contemporary Faith* (New York: HarperCollins, 1997), vii.

45. Ibid., p. 4.

la trascendencia de Dios; sin embargo, llegó a rechazar lo que él denomina «teísmo sobrenatural» a favor de ver a Dios como «espíritu que lo engloba todo». Él afirma: «En nuestra época, pensar de Dios como un ser sobrenatural que está "allá afuera" se ha convertido en un obstáculo para muchos».[46] Bajo la influencia de la cosmovisión moderna, Borg aceptó y promovió una perspectiva panenteísta de Dios como trascendente e inmanente, pero no se puede culpar a los lectores de su libro por pensar que él permitió que la trascendencia de Dios disminuyera a favor de un Dios totalmente inmanente.

En el centro de la revisión que hace Borg de Dios está su interés en encontrar una comprensión relacional de la vida cristiana.[47] Para él, de todos modos, el panenteísmo es la mejor manera de llegar hasta ahí. Un cristiano ortodoxo no pondrá objeciones a una comprensión relacional de la vida cristiana; los cristianos ortodoxos siempre han creído en experimentar a Dios. De nuevo, al igual que con otros pensadores cristianos liberales que hemos conocido, el problema no radica tanto en lo que Borg afirma sino más bien en lo que niega. Él afirma un Dios relacional, un Dios que se relaciona con nosotros y con quien podemos relacionarnos. Eso no es un problema. El problema está en su rechazo del teísmo sobrenatural. Se denomina a sí mismo ateo con respecto al Dios del teísmo sobrenatural «y, sin embargo, un creyente en Dios conceptualizado de otro modo; es decir, del modo que ofrece el panenteísmo».[48]

Para Borg, Dios como «monarca» es rechazado, mientras que Dios como «compañero de viaje» es aceptado.[49] Sin embargo, no hay ningún motivo para que los dos conceptos deban contraponerse. El Dios de la Biblia y de la tradición cristiana es, ciertamente, nuestro compañero de viaje en cuanto a que está cerca

46. Ibid., p. 12.
47. Ibid., p. 51.
48. Ibid., p. 29.
49. Ibid., p. 75.

de nosotros. Los padres de la iglesia cristiana, filósofos, teólogos, eruditos bíblicos y místicos siempre han afirmado la idea de la cercanía y la intimidad con Dios. El Dios que está cerca de nosotros, nuestro compañero de viaje, también puede ser quien gobierna los cielos y la tierra. Eso nos parece paradójico solamente porque la cultura nos ha condicionado a pensar que las dos imágenes son contradictorias. No hay ningún motivo para que lo sean. La Biblia revela a Dios como exaltado y alto (ver la visión que tiene Isaías de Dios en el capítulo 6) *y* también más cerca de cada uno de nosotros que nosotros mismos (ver las *Confesiones* de San Agustín). La Biblia está llena de imágenes de la cercanía y la intimidad de Dios con personas. El Salmo 139 afirma que la persona no puede escapar a la presencia de Dios.

El liberalismo de Borg aparece en lo que él niega: el teísmo sobrenatural. Sin embargo, el Dios de la Biblia, el Dios del cristianismo ortodoxo, es mucho más que «el Espíritu que lo engloba todo tanto dentro como fuera de nosotros».[50] Él es el creador y gobernador de todas las cosas y el juez de personas y naciones. Sí, Él es amor, la norma de bondad y amor, pero su amor es un amor *sagrado* que no tolera el pecado. La ira de Dios es evidente en la Escritura y la tradición cristiana, hasta el surgimiento del cristianismo modernista y liberal. De repente, Dios se convirtió en «el compañero sufridor que comprende» de Whitehead y el «compañero de viaje» de Borg. Dios es ciertamente esas cosas, pero también es mucho más.

De todos los pensadores y comunicadores cristianos liberales que hemos encontrado en este viaje, el más vehemente en su rechazo de la tradición cristiana es John Shelby Spong. Spong rechazó «la cualidad todopoderosa de Dios» y descartó «la mayor parte del contenido del Dios de las edades».[51] Según Spong, el Dios del teísmo es meramente una proyección que ahora está

50. Ibid., p. 72.

51. John Shelby Spong, *Why Christianity Must Change or Die: A Bishop Speaks to Believers in Exile* (San Francisco: HarperSanFrancisco, 1998), pp. 8, 48.

muriendo[52] y que debe ser sustituida por Dios como «una dimensión profunda de la vida que es, en última instancia, espiritual».[53] Dios, dice él, no es externo a la vida (en cuanto a las criaturas) sino que es «la profundidad inevitable y el centro de todo lo que existe».[54] Entonces, al igual que Hodgson, Spong cae en contradicción al definir a Dios como «un llamado a ser».[55] ¿Qué es Dios: una profundidad inevitable y centro de todo lo que existe, o un llamado a ser? ¿O acaso es ambas cosas? Spong no lo explica. Por ninguna buena razón, Spong sacrifica la trascendencia de Dios y la persona de Dios. Para él, al igual que para muchos cristianos liberales, Dios se convierte en un «llamado» y «una dimensión profunda» con quien no se puede tener una relación personal y que no ama ni gobierna. Esta imagen no se parece en nada al Dios de la Biblia o del cristianismo ortodoxo.[56]

A lo largo de este libro, yo represento a Douglas Ottati como el otro extremo en el estante de las teologías liberales, la contrapartida a Schleiermacher. Schleiermacher lanzó la tradición; Ottati es su seguidor contemporáneo más fiel (lo cual no es lo mismo que decir que meramente repite lo que dijo Schleiermacher). El libro de Ottati, *A Theology for the Twenty-First Century* [Una teología para el siglo XXI], es la revisión más profunda del cristianismo liberal de Schleiermacher. Las personas que se preguntan si la teología cristiana liberal sigue siendo una clase de teología viable debieran leerlo. Con sus 770 páginas, el libro puede suponer una lectura abrumadora, pero para quienes están interesados en la teología, su lectura vale le pena el tiempo y el esfuerzo. La pregunta es la siguiente: ¿es el estudio de Ottati acerca del

52. Ibid., pp. 49, 51.
53. Ibid., p. 60.
54. Ibid., p. 70.
55. Ibid., p. 66.
56. Ver mi libro *Essentials of Christian Thought: Seeing Reality through the Biblical Story* (Grand Rapids: Zondervan, 2017). En él, sondeo las profundidades del drama bíblico para mostrar que el Dios de Biblia es fundamentalmente real, fundamentalmente personal, fundamentalmente sobrenatural (más allá de la naturaleza al igual que en ella), y amoroso y justo.

cristianismo auténtico, o es un estudio sobre religiones comparativas? ¿Ofrece realmente Ottati *cristianismo* para el siglo XXI, o cruza la línea hacia territorio no cristiano?

La doctrina de Dios de Ottati cuenta parte de la historia y revela parte de la respuesta. Según Ottati, que está de acuerdo con el teólogo liberal Gordon Kaufman (1925-2011), «la palabra "Dios" puede expresar "el profundo significado del situacionismo de la vida humana en el mundo"».[57] Sin embargo, Ottati entiende esa situación o contexto «en cierto modo diferente (y significativo) a él».[58] Según Ottati, Dios es «fuente (y terreno) de la dependencia sentida, lo incompleto y el misterio»[59] de la persona humana. Dios es también «poder de orden» que está detrás de «organizaciones, tendencias, interdependencias y trayectorias dinámicas y confiables que encontramos en el mundo».[60] Dios es «por así decirlo, el realmente Real».[61] «Dios» es un símbolo del «Creador» y «Sustentador»,[62] pero Ottati lo interpreta mediante la teología del proceso, la cual «representa a Dios como el principio creativo preeminente que atrae o persuade realidades que retienen sus propias medidas de creatividad relativamente independientes».[63] «El orden creativo divino... fomenta, desalienta, dirige, limita, y llama».[64] No están claros en el relato simbólico de Dios que hace Ottati la naturaleza de Dios y la realidad de los milagros. Su endoso de un «naturalismo no reductivo» parece dejar zanjada la pregunta de los milagros con un no. Su énfasis en Dios como símbolo parece dejar zanjada la pregunta de la naturaleza personal de Dios con otro no. Al menos eso parece para Ottati,

57. Douglas F. Ottati, *A Theology for the Twenty-First Century* (Grand Rapids: Eerdmans, 2020), p. 323.
58. Ibid.
59. Ibid., p. 300.
60. Ibid.
61. Ibid., p. 302.
62. Ibid., p. 328.
63. Ibid., p. 307.
64. Ibid., p. 313.

Dios no es personal en ningún sentido en el cual son personales los humanos.

Como Schleiermacher en *La fe cristiana*, Ottati relega la doctrina de la Trinidad a un apéndice o epílogo. Para él, al igual que para el padre de la teología liberal, las personas de la Trinidad son «tres aspectos de la experiencia de la piedad» de Dios,[65] y niega o es agnóstico acerca de tres distinciones dentro de la Deidad.[66] Lo mejor que puede decirse sobre la postura de Ottati es que se hace eco del modalismo: la antigua herejía que sostenía que Padre, Hijo y Espíritu Santo son tres manifestaciones de Dios y no tres personas distintas de la Deidad.

Según Ottati, la teología no habla tanto sobre doctrinas como sobre piedad: cristianismo práctico en la experiencia y la conducta vividas. La teología de Ottati es un ejemplo de lo que el teólogo George Lindbeck (1923-2018) llamó teología «experiencial-expresivista».[67] Expresa sentimientos, experiencias y sensibilidades religiosas, pero no explica nada de modo cognitivo o proposicional. Las doctrinas cristianas, como la doctrina de Dios, se convierten entonces en intentos de llevar a la conversación las experiencias religiosas, pero esas doctrinas no son esenciales para el cristianismo. Otatti dice que el cristianismo es «piedad teocéntrica», y la teología cristiana es «enseñanza de piedad».[68] La teología es útil solamente como una herramienta para la formación espiritual y la vida cristiana; en realidad no nos informa cognitivamente de cosas en sí mismas. La conversación acerca de Dios, dice Ottati de acuerdo con Schleiermacher, nunca es una conversación sobre Dios en sí mismo sino solamente sobre nuestros sentimientos cuando encontramos a Dios indirectamente, que es el único modo en que encontramos a Dios.[69]

65. Ibid., p. 748.
66. Ibid., p. 749.
67. George A. Lindbeck, *The Nature of Doctrine: Religion and Theology in a Postliberal Age* (1984; Louisville: Westminster John Knox, 2009).
68. Ottati, *A Theology for the Twenty-First Century*, p. 581.
69. Ibid., p. 296.

El problema con la doctrina de Dios de Ottati, como con la conversación acerca de Dios de todos los teólogos liberales, al menos según el cristianismo ortodoxo, no es tanto lo que afirma como lo que niega de manera implícita o explícita: la realidad trascendente de Dios, la naturaleza personal intensa y suprema de Dios, la comunicación de Dios hacia nosotros en actos de poder y amor reales e históricos, el ser trino de Dios como Padre, Hijo, y Espíritu Santo, tres personas distintas en perfecta comunidad. Una cosa que niega implícitamente el cristianismo liberal y que el cristianismo ortodoxo ha afirmado siempre es la creación de Dios de todo el universo *ex nihilo*: de la nada.[70] Ottati trata eso como un símbolo útil del orden de cosas de Dios en el universo, pero parece preferir la «doctrina alternativa» de la teología del proceso, que niega la creación de la nada.[71]

A mediados del siglo XX el teólogo cristiano H. Richard Niebuhr, en cierto modo él mismo un poco liberal (al menos según Dorrien), niveló la crítica más severa del protestantismo liberal. La crítica de Niebuhr se aplica a todos los pensadores liberales de los que hemos hablado en este libro. Según él, el cristianismo liberal cree que «un Dios sin ira llevó a hombres sin pecado a un reino sin juicio por medio de las ministraciones de un Cristo sin una cruz».[72] Evidentemente, ninguno de ellos niega realmente que Cristo murió en una cruz romana; Niebuhr se refería a que los liberales negaban la muerte expiatoria de Cristo, reduciéndola a un trágico martirio.

La cuestión con la que estamos lidiando en este libro es si el cristianismo liberal cuenta como cristianismo auténtico o como

---

70. Ibid., p. 307.

71. Ottati puede ser frustrantemente ambiguo en ocasiones. Un ejemplo es su trato de la doctrina cristiana tradicional de la creación *ex nihilo*. En las páginas 305-317 de *Teología para el siglo XXI* batalla con el tema, señalando sus fortalezas y debilidades, y al final parece enfrentarse a ella al lado de la teología del proceso. Sin embargo, también parece valorarla como un símbolo de la suprema creatividad de Dios, como «pasaje cósmico».

72. H. Richard Niebuhr, *The Kingdom of God in America* (Chicago: Willett, Clark, 1937), p. 193.

una religión nueva y diferente, algo que no es cristianismo. Los relatos de Dios de estos teólogos liberales deberían dejar clara la respuesta a esa cuestión. El Dios del cristianismo liberal no se parece en nada al Dios de Abraham, de Isaac y de Jacob, ni a Jesús. El matemático, filósofo y teólogo francés Blaise Pascal (1623-1662) dijo: «El Dios de los filósofos no es el Dios de Abraham, de Isaac y de Jacob». Al decir «los filósofos» se refería no solo a pensadores de la Ilustración como René Descartes (1596-1650) sino también a otros como los filósofos griegos Platón y Aristóteles. ¿Por qué? Porque ellos no podían concebir a Dios racionalmente como personal, sobrenatural, cercano, interactivo, trascendente e inmanente.

Ha de plantearse la pregunta del *porqué* estos teólogos liberales encontraron necesario despojar a Dios de su trascendencia, su poder, su autosuficiencia, su persona (en algunos casos), y su ira. El historiador William Hutchison sugiere una respuesta. Según él, los teólogos liberales buscaron «de algún modo inyectar una nueva autoestima a la consciencia histórica humana».[73] Irónicamente, la crítica de Spong del teísmo sobrenatural como proyección puede voltearse fácilmente; puede ser que las ideas de Spong y otras ideas liberales de Dios sean proyecciones de la necesidad humana de autoestima hacia la realidad suprema, llamando *Dios* a eso. Una pregunta importante es si este Dios es digno de alabanza. El Dios ortodoxo del teísmo cristiano es digno de adoración porque es a la vez e igualmente grande y bueno. La teología liberal sacrifica la grandeza de Dios, y nos quedamos con un Dios patético que se parece más a un abuelo celestial muy agradable o a una dimensión espiritual profunda del hombre (o la naturaleza) que al Dios de la Biblia.

73. Hutchison, *Modernist Impulse in American Protestantism*, p. 80.

5

JESUCRISTO EN LA TEOLOGÍA LIBERAL

Si hay una doctrina cristiana que destaque como especialmente definitoria de la ortodoxia cristiana, es la de la persona de Jesucristo, su encarnación, el ser no solo el Hijo de Dios sino también Dios el Hijo. Sin duda, cualquiera que haya estudiado historia de la iglesia sabe que ha habido muchos desacuerdos y disputas entre los cristianos acerca de esta doctrina. El historiador Philip Jenkins (1952) ha escrito un libro acerca de esas disputas titulado *Jesus Wars* [Las guerras de Jesús].[1] Sin embargo, cualquiera que haya estudiado el Nuevo Testamento y a los primeros teólogos cristianos sabe que los cristianos siempre han considerado a Jesucristo Dios encarnado y lo han adorado junto con el Padre y el Espíritu Santo. Durante el siglo segundo, el filósofo griego Celso escribió un libro en contra del cristianismo titulado *On the True Doctrine* [Sobre la verdadera doctrina] (178), en el cual afirmaba que los cristianos adoraban a un hombre como Dios. Para Celso, eso parecía una estupidez, pero el punto

1. Philip Jenkins, *Jesus Wars* (San Francisco: HarperOne, 2011).

está en que demuestra que los cristianos del siglo segundo creían en Jesús como Dios encarnado y lo adoraban.

En ningún lugar en el Nuevo Testamento se registra que Jesús afirma ser Dios; sin embargo, como han demostrado muchos eruditos y teólogos ortodoxos del Nuevo testamento, Jesús hizo afirmaciones acerca de sí mismo que equivalían a la consciencia de ser Dios. Jesús perdonó pecados como si hubieran pecado contra Él. Aceptó la adoración del discípulo Tomás hacia Él como «Señor mío y Dios mío». El apóstol Pablo escribió que Jesús era «en forma de Dios» (Filipenses 2:6), y el primer capítulo del libro de Colosenses exalta a Jesucristo como creador de todo. Y, más que nada, el Evangelio de Juan comienza con una afirmación de la identidad de Jesucristo como «el Verbo» que estaba en el principio con Dios y era Dios.

En el libro ya clásico *Mero cristianismo*, C. S. Lewis argumentó correctamente que, si Jesús no era Dios, era un charlatán o un loco debido a sus acciones y sus palabras acerca de sí mismo. En su juicio, Jesús fue acusado de hacerse igual a Dios, y no lo negó. El teólogo Wolfhart Pannenberg (1928-2014), con quien yo estudié teología, argumentaba válidamente a favor de la historicidad de la resurrección de Jesús, y argumentaba que la resurrección significa que Dios validó las afirmaciones que hizo Jesús de ser igual a Dios. Dios no habría resucitado de la muerte a un blasfemo.

Surgieron muchas herejías acerca de la persona de Jesucristo en el cristianismo antiguo, y todas ellas siguen estando ahí en el siglo XXI.[2] Entre ellas estaban enseñanzas que negaban la deidad de Jesucristo, y con ellas lidiaron obispos, teólogos y gobernantes. En el año 268 el obispo Pablo de Samosata (obispo de Antioquía) fue excomulgado por otros compañeros obispos porque enseñaba que Jesucristo fue adoptado por Dios el Padre como su hijo humano especial, pero no era preexistente ni

---

2. Ver mi libro *Counterfeit Christianity: The Persistence of Errors in the Church* (Nashville: Abingdon, 2015).

ontológicamente (que tiene que ver con ser) divino. Más adelante, el líder de la iglesia Arrio de Alejandría negó la deidad ontológica de Jesucristo y fue excomulgado por el Concilio de Nicea en el año 325. Su herejía, el arrianismo, era un poco diferente a la de Pablo de Samosata, pero ambas negaban la deidad de Cristo.

La igualdad de la humanidad y la deidad de Jesucristo, Hijo de Dios y Dios el Hijo, ha sido una piedra angular del cristianismo ortodoxo a pesar de las negaciones ocasionales incluso entre cristianos. El Consejo Mundial de Iglesias requiere que las denominaciones miembros afirmen que «Jesucristo es Dios y Salvador». Cuando alguien niega la deidad de Jesucristo, de manera explícita o implícita, él o ella corta el cordón de continuidad con el cristianismo bíblico e histórico-ortodoxo y se sitúa fuera y lejos del cristianismo. La religión de esa persona es otra, no es auténticamente cristiana. Ese ha sido el consenso de los cristianos por más de dos mil años.

Hacia el final del siglo XVIII y comienzos del siglo XIX, un grupo de cristianos británicos y estadounidenses negó la deidad de Cristo y la Trinidad, y se denominaron a sí mismos unitarios. Comenzaron a organizar iglesias centradas en torno a esas negaciones. Uno de sus pastores y teólogos estadounidenses más influyentes fue Theodore Parker (1810-1860), quien, según Dorrien, predicaba que «el cristianismo verdadero no trata sobre la muerte o la divinidad de Cristo, sino sobre la muerte del pecado y la vida de una bondad sagrada en nuestros corazones».[3] Incluso teólogos y pastores ortodoxos progresistas como Bushnel se opusieron a esas ideas como no auténticamente cristianas. Al final, sin embargo, se filtró algo muy parecido a la cristología unitaria hasta el protestantismo estadounidense tradicional. Teólogos liberales comenzaron a parecerse a Parker cuando hablaban acerca de Jesús. El teólogo y filósofo de la Universidad de Boston Borden Parker Bowne elevó a Jesucristo al estado del ser humano

---

3. Gary J. Dorrien, *The Making of American Liberal Theology: Imagining Progressive Religion, 1805–1900* (Louisville: Westminster John Knox, 2001), p. 99.

modelo, el ser humano perfecto y revelador de Dios, pero eso degradó a Jesucristo al estado de ser un hombre diferente del resto de nosotros en grado, no en clase.[4] El teólogo de la Escuela de Divinidades de la Universidad de Chicago George Burman Foster (1858-1918) enseñaba que, «aunque no es correcto decir que "Jesús es Dios", no es incorrecto hablar de Jesús como la revelación salvadora y suprema de Dios».[5] Además, según Foster, «Dios es como Jesús: este es el evangelio».[6] Al igual que muchos cristianos liberales posteriores, Foster incluso enseñó la divinidad del espíritu humano.[7] ¡Eso supone redefinir por completo la divinidad o deificar a la humanidad! Muchos cristianos liberales han seguido a Foster en este patrón de pensamiento confuso e incluso herético: una clase de humanismo religioso cristianizado.

Un contemporáneo de Foster fue el teólogo bautista William Newton Clarke (1841-1912), quien enseñó en el Seminario Bautista Colgate y escribió la primera teología sistemática liberal estadounidense. Según Clarke y su pupilo Harry Emerson Fosdick, «la divinidad de Jesús consistía en su consciencia espiritual única».[8] Fosdick, pastor de la Iglesia Riverside en Ciudad de Nueva York, apareció en la cubierta de la revista *Time* en dos ocasiones. Fue quien más popularizó el cristianismo liberal en los Estados Unidos durante la primera mitad del siglo XX. Para él: «Decir que Jesús es divino es afirmar que Dios debería estar simbolizado "por la mejor vida personal que conocemos"».[9] Él habló en nombre de la mayoría de los cristianos liberales, si no de todos, cuando dijo: «Me llaman hereje... Pues bien, soy un hereje si la ortodoxia convencional es la norma. Debería avergonzarme

4. Dorrien habla de la cristología liberal de Bowne en ibid., p. 391.

5. Gary J. Dorrien, *The Making of American Liberal Theology: Idealism, Realism, and Modernity, 1900–1950* (Louisville: Westminster John Knox, 2003), p. 158.

6. Ibid.

7. Ibid., pp. 158–59.

8. Ibid., p. 359.

9. Ibid., p. 381.

de vivir en este siglo y no ser un hereje».[10] El historiador del cristianismo liberal Kenneth Cauthen dice que, para la mayoría de los cristianos liberales, Cristo «representa no la encarnación de la segunda persona de la Trinidad sino la perfección de la personalidad humana. Su divinidad es su perfecta humanidad».[11]

El pastor y teólogo liberal Washington Gladden predicaba que «el nombre que representa más completamente el modo moderno de pensamiento acerca de Jesucristo es el de Albrecht Ritschl».[12] Ritschl estaba en segundo lugar solo después de Schleiermacher en la teología alemana durante el siglo XIX. Muchos estudiantes protestantes liberales estadounidenses viajaron en masa hasta Alemania para escucharlo enseñar. Regresaron con su versión del cristianismo liberal y la enseñaron en los seminarios protestantes tradicionales estadounidenses. Ritschl enseñaba que, cuando los cristianos afirman la divinidad de Jesucristo, se refieren a que Jesucristo tiene el valor de Dios para ellos. Jesús fue quien inauguró el reino de Dios, el cual es el mayor bien de Dios. Debido a que la vida de Jesús no tuvo igual en dedicación al reino de Dios, Él tiene el valor de Dios. Dios cumplió su mayor bien en el hombre Jesús y en su manera de vivir. Ritschl negaba la preexistencia de Jesucristo excepto en la mente de Dios. Dios siempre vio de antemano y anticipó la aparición del hombre Jesús y del reino de Dios en él.[13]

Según Gladden, que fue uno de los principales seguidores de Ritschl en la teología estadounidense, Jesucristo es «el ideal de humanidad cumplido».[14] A modo verdaderamente liberal, Gladden argumentaba que los cristianos necesitan «superar» la

---

10. Ibid., p. 379.

11. Kenneth Cauthen, *The Impact of American Religious Liberalism*, 2nd ed. (1962; Lanham, MD: Univ. Press of America, 1983), p. 211.

12. Washington Gladden, *Present Day Theology* (Columbus, OH: McClelland, 1913), p. 129.

13. Para una exposición más amplia de la teología de Ritschl, incluyendo su cristología, ver el capítulo 2.b en mi libro *The Journey of Modern Theology: From Reconstruction to Deconstruction* (Downers Grove, IL: InterVarsity Press, 2013).

14. Gladden, *Present Day Theology*, p. 130.

idea de un «gran abismo» inamovible entre Dios y la humanidad: «La divinidad es finita en el hombre; la humanidad es infinita en Dios».[15] La divinidad de Jesús, entonces, fue su perfecta hombría o humanidad. Gladden habló con claridad acerca de su perspectiva liberal de Jesucristo al escribir: «Cuando hablamos de la Encarnación nos referimos a que en la vida de Jesús de Nazaret, tan sencilla, humana y de hermandad como hemos aprendido a verla, Dios está revelando a todo aquel que tiene ojos para ver cómo es Él mismo, y lo que de buen agrado llegaríamos a ser todos los hombres».[16] De nuevo, el problema que tienen los cristianos ortodoxos con esta «cristología de grado» (parecida en estructura al adopcionismo de Pablo de Samosata) no es lo que afirma sino lo que niega acerca de Jesús. Sí, Jesús fue la revelación perfecta de Dios y de la humanidad como Dios quiere que seamos, pero eso no es el «todo» de la encarnación. Si lo fuera, ¡entonces no tenemos ningún motivo por el que otros seres humanos no puedan ser divinos! Esta perspectiva de la encarnación tiene dos defectos principales. En primer lugar, niega la encarnación (que significa que Dios se hizo carne). En segundo lugar, abre la puerta al pluralismo de salvadores, algo que muchos cristianos liberales finalmente afirmaron: que puede haber otros salvadores además de Jesucristo.

Las posturas liberales de Henry Churchill King se mostraron con mayor brillo cuando tituló su capítulo sobre cristología «Cristo como la persona suprema de la historia».[17] Según King, Jesucristo fue «la revelación suprema de Dios», pero solamente el Padre es realmente Dios. Haciéndose eco de los unitarios, escribió que «la necesidad religiosa de la unidad estricta de Dios es muy grande»,[18] y también hizo hincapié en la humanidad de Jesucristo a expensas de su deidad ontológica. Para él, la deidad

15. Ibid., p. 137.

16. Ibid., p. 145.

17. Henry Churchill King, *Reconstruction in Theology* (New York: Macmillan, 1901), p. 185.

18. Ibid., p. 193.

de Cristo significaba «el señorío práctico de Cristo».[19] Jesucristo es «el Ideal cumplido»,[20] refiriéndose con «el Ideal» al cumplimiento del «valor y lo sagrado de la persona».[21] King también escribió que «Cristo debe ser humano para poder ser divino», y que «él es la autorrevelación suprema de Dios».[22] Todas esas cosas maravillosas que dijo acerca de Jesucristo se quedan muy alejadas del cristianismo ortodoxo, en el cual Jesucristo es Dios encarnado, la segunda persona de la Trinidad que tomó naturaleza humana, Dios el Hijo viviendo una vida humana.

Al examinar los pensamientos cristianos liberales y lo que dicen acerca de Jesucristo y de Dios, uno tiene que preguntarse si los pastores y teólogos cristianos liberales estaban intentando evitar que lo que ellos consideraban cristianos estadounidenses cultivados y sofisticados se alejaran hacia el agnosticismo o el unitarismo. ¿Qué otro motivo podrían tener para negar la deidad ontológica de Jesucristo? Nada científico entra en conflicto con la cristología clásica y ortodoxa, y tampoco es ilógica o irracional la cristología ortodoxa. Puede que sea un misterio, pero eso no cuenta en su contra a menos que alguien sea alérgico a los misterios, lo cual entonces parecería causar que la persona se alejara de la física cuántica y de muchas otras áreas en la ciencia moderna. Cualquiera que fuera y sea su motivo, los pensadores cristianos liberales cortaron el cordón de continuidad entre sus ideas y sus enseñanzas y el cristianismo bíblico, histórico y ortodoxo en la cristología más que en ninguna otra cosa.

A lo largo de este libro he tratado a L. Harol DeWolf como un caso principal de teólogo cristiano liberal moderado. Quería distanciarse del grupo de pensadores liberales cada vez más radicales, y escribió que «el autor del presente volumen [El caso de la teología en la perspectiva liberal] no es "liberal" en cualquier

19. Ibid., p. 194.
20. Ibid., p. 245.
21. Ibid., p. 235.
22. Ibid., p. 243.

significado del término tal como se entiende comúnmente en círculos teológicos estadounidenses».[23] Esa fue su autoevaluación en 1959 cuando algunos teólogos liberales como el alemán-estadounidense Paul Tillich cuestionaba la existencia de Dios. Había rumores de un «ateísmo cristiano» y de «la muerte de la teología de Dios». Esos movimientos se hicieron públicos en la década de 1960 y crearon una controversia muy grande, incluso entre cristianos liberales. Sin embargo, DeWolf se hizo eco del pensamiento de Gladden, Clarke, y otros teólogos liberales acerca de Jesucristo. Su cristología era indudablemente pobre porque era meramente funcional. Para él, Jesucristo operaba como Dios pero no era ontológicamente divino; Jesús reveló a Dios a la humanidad. A continuación, tenemos la estimación típicamente liberal de Jesucristo que hacía DeWolf: «La vida y la muerte de Jesús constituyen una revelación más elevada de lo que puede ser el hombre, mediante la ayuda de Dios».[24] Una vez más, debemos destacar que un cristiano conservador y ortodoxo no necesariamente está en desacuerdo con tal estimación de Jesucristo. Jesucristo era humano, y la imagen de Dios era perfecta en Él; su vida y su muerte sí revelaron lo que una persona sería si fuera perfecta espiritualmente; sin embargo, a menos que se diga algo más acerca de Jesucristo (que fue también la encarnación de Dios), la puerta queda totalmente abierta para que haya otros salvadores, otros seres humanos perfectos. De manera verdaderamente liberal, DeWolf dejó la fuerte impresión de que creía que Jesucristo era diferente de lo mejor de la humanidad solamente en grado y no en clase.

Según el teólogo liberal Delwin Brown, los cristianos hoy día necesitan «una cristología naturalista», lo cual significa una cristología que no dependa de nada sobrenatural como la preexistencia y el descenso del Hijo de Dios a María, convirtiéndose en el

---

23. L. Harold DeWolf, *The Case for Theology in Liberal Perspective* (Philadelphia: Westminster, 1959), p. 11.

24. Ibid., p. 78.

Dios-hombre Jesucristo.[25] Por lo tanto, según Brown, con muchos cristianos liberales de acuerdo, «Jesús es la representación de una gracia divina que es mediada de diversas maneras en todos los tiempos y lugares».[26] Esta es una expresión ideal de lo que yo he denominado aquí «cristología de grado». Jesús es diferente de otros humanos solamente en grado, no en clase: un hombre piadoso y devoto, pero no Dios.[27] Sin embargo, Brown vio el peligro e intentó desviarlo diciendo que Jesús es algo más que un mero modelo o ejemplo a imitar.[28] Sin embargo, el «más» es difícil de ver cuando dice que «considerado empíricamente, es difícil argumentar que la gracia de Cristo es absolutamente la mejor».[29] Inmediatamente después de eso defiende el pluralismo: la idea de que hay otros salvadores además de Jesucristo. «Yo no atribuyo a Jesús algún tipo de singularidad metafísica».[30] Por debajo de esta pobre cristología yace la creencia de Brown en que Dios está universalmente pero no uniformemente encarnado en todas las cosas.[31] Si esta fuera solamente una expresión de la creencia ortodoxa en la omnipresencia de Dios, estaría bien, pero sin duda es algo más que eso. Es una afirmación de una presencia universal de Dios en todas las cosas del mismo modo, incluso si fuera a un grado más bajo, como en Jesucristo. Como dijo Brown, para él Jesucristo es simplemente la «representación» de la encarnación universal de Dios en toda la realidad. No está claro si eso eleva toda la realidad a un estado divino o rebaja a Jesucristo a un estado prosaico. Para mí, lo segundo parece lo más probable.

Una pregunta que el cristiano ortodoxo podría querer plantear a Brown y a otros cristianos liberales es la siguiente: ¿es

25. Clark H. Pinnock y Delwin Brown, *Theological Crossfire: An Evangelical/Liberal Dialogue* (Grand Rapids: Zondervan, 1990), p. 158.

26. Ibid., p. 162.

27. Ibid., p. 168.

28. Ibid., p. 162–63.

29. Ibid., p. 165.

30. Ibid., p. 168.

31. Ibid.

Jesucristo digno de adoración? ¿Debiera alguien adorarlo? Si la respuesta es negativa, el corte del cordón de continuidad con el cristianismo bíblico-ortodoxo es definitivo. Los cristianos siempre han adorado a Jesucristo. Jesucristo aceptó la adoración del discípulo Tomás. Si la respuesta es afirmativa, entonces, dado que su encarnación es diferente solamente en grado y no en clase de la encarnación de Dios en todo, ¿por qué no adorar todas las cosas? ¿Dónde se cruza una línea desde adorar los árboles (incorrecto) a adorar a Jesús (correcto)?

El teólogo liberal Donald E. Miller reduce a Jesucristo a «una forma simbólica» sujeta a cambio en cada generación.[32] Aunque no ofrece una cristología detallada en *El caso del cristianismo liberal*, Miller cree aparentemente que Jesús es el símbolo que media en la experiencias de los cristianos de «la Realidad» que «está tanto en el interior como más allá de nuestros símbolos creados humanamente».[33] La tarea de la iglesia liberal, según dice él, es reinterpretar «la forma simbólica de Jesús»[34] de modo que ofrezca «completitud humana... confianza en el significado supremo de la existencia humana».[35] Parece que lo que importa acerca de Jesucristo es el símbolo, y no la realidad histórica o trascendente. Se acerca a decir que tomar a Jesucristo como algo más que un símbolo es idólatra: «Cosificar es participar en la idolatría».[36] (*Cosificar* significa interpretar un símbolo literalmente como real; históricamente, por ejemplo).

Miller es un ejemplo de cuán resbalosos pueden ser los cristianos liberales. Él escribe: «Ahora me siento cómodo al recitar el credo [de Nicea] sin editarlo o sintiendo que me remuerde la conciencia si afirmo algo que no creo literalmente».[37] Uno es tentado

32. Donald E. Miller, *The Case for Liberal Christianity* (San Francisco: Harper and Row, 1981), p. 20.
33. Ibid.
34. Ibid., p. 137.
35. Ibid., p. 37.
36. Ibid., p. 18.
37. Ibid., p. 5.

a dar un grito ahogado ante esa admisión. ¿Dónde está la sinceridad al afirmar verbalmente e incluso oralmente que Jesucristo es «verdaderamente Dios y verdaderamente humano» y al mismo tiempo pensar: «pero, desde luego, yo no creo eso»? Estoy seguro de que Miller respondería que él sí lo cree simbólicamente, pero no literalmente. Sin embargo, me pregunto qué pensaría él de alguien que le dijo a su prometida en la ceremonia de boda que la amaría «hasta que la muerte nos separe» mientras estaba pensando: «pero me refiero a eso tan solo simbólicamente, no literalmente». El credo debe ser recitado solamente por quienes lo creen. Un cínico podría objetar: «¿Qué significa *literalmente* cuando estamos hablando sobre algo tan único como la encarnación?» La sencilla respuesta es que *literalmente* significa «realmente y no solo simbólicamente».

El teólogo liberal Peter Hodgson utiliza al filósofo Hegel para expresar su cristología. Para Hodgson, al igual que para Hegel, la encarnación de Dios en Jesucristo significa «la unidad materializada de la naturaleza divina y humana».[38] Según Hegel tal como lo interpreta Hodgson, Dios como Espíritu absoluto se materializa a sí mismo en y por medio del desarrollo espiritual e intelectual de la humanidad hacia la unidad, la síntesis suprema de aparentes opuestos. La unidad metafísica de Dios y la creación, Dios y la historia y la cultura humanas, está siempre «ahí», pero siempre en evolución. En Jesucristo, afirmó Hegel, la automaterialización de Dios alcanzó un clímax antes del fin de la historia (prolepsis). Hodgson parece estar de acuerdo con Hegel en que «Dios materializa su ser en y por medio del mundo».[39] Esto es una versión de panenteísmo. Hodgson niega, sin embargo, que Jesucristo tuviera o tenga «una naturaleza divina literal».[40] Hodgson expresa perfectamente el grado o la cristología

38. Peter Crafts Hodgson, *Liberal Theology: A Radical Vision* (Minneapolis: Fortress, 2007), p. 50.

39. Ibid., p. 45.

40. Ibid., p. 51.

funcional de casi todos los pensadores cristianos liberales: «Tener una naturaleza divina literal no es lo que hace que Jesús sea el Cristo, sino más bien su función como revelador de la divinidad y mediador de reconciliación; es alguien lleno por el poder del Espíritu para manifestar amor y soportar angustia y sufrimiento».[41] En cierto tipo de frase desechable, Hodgson afirma incluso que hay un «elemento de verdad» en el arrianismo: la antigua herejía que afirma que Jesucristo no era Dios sino la criatura más grande e importante de Dios.[42] El arrianismo era considerado la archiherejía por parte de los cristianos ortodoxos y trinitarios en el siglo cuarto, y fue condenado por los concilios de Nicea y de Constantinopla. Todos los cristianos ortodoxos lo han rechazado como falso e incompatible con el cristianismo auténtico. Si una persona encuentra un elemento de verdad en él, entonces no debería adorar a Jesucristo. Eso sería idolatría. Es de esperar que Hodgson no adore a Jesucristo.

Finalmente, como Brown y muchos otros cristianos liberales, Hodgson afirma «una pluralidad de caminos hacia Dios, de los cuales Cristo es uno de ellos: para los cristianos es *el* camino, pero ya no podemos afirmar que es el *único* camino».[43] Este es un problema importante para cualquier cristiano que se vea atraído al cristianismo liberal. Conduce al pluralismo, que podría sonar bien pero en realidad significa una degradación de Jesucristo para colocarlo como un salvador entre muchos y no realmente *el* Salvador de la humanidad. Esto es una religión distinta al cristianismo bíblico, histórico, y ortodoxo. Con el pluralismo de este tipo se ha traspasado una línea hacia territorio que no es propio del cristianismo, y el cordón de continuidad con el cristianismo auténtico se ha cortado. Cuando alguien que cree estas cosas acerca de Jesucristo se denomina cristiano, no significa nada excepto que esa persona desea identificarse como tal. Sin

41. Ibid.
42. Ibid., p. 34.
43. Ibid., 57, cursivas en el original.

embargo, sería como si un comunista se denominara a sí mismo capitalista o un capitalista se denominara a sí mismo comunista. Confusa y posiblemente un autoengaño es lo mejor que podría decirse de tal afirmación. Algunos podrían atreverse a decir que es deshonesto.

Inevitablemente, alguien que lee estas palabras supondrá que estoy sugiriendo que los cristianos liberales no son salvos y están destinados al infierno. No es así en absoluto. No es eso lo que estoy sugiriendo. Solamente Dios sabe si una persona es salva, y eso es sin duda lo que quiso decir Jesús al ordenar a sus seguidores que no juzgaran a las personas. Dios es el único juez cuando se trata del estado de una persona en relación con Él y con su destino eterno en el cielo o en el infierno. Sin embargo, es ridículo creer que nadie debería hacer nunca ningún juicio sobre sistemas de creencia y reivindicaciones de la verdad. En ocasiones es necesario para los cristianos, aunque lo hagan tristemente y a regañadientes, decir si creen que un grupo de personas o de individuos que afirman ser cristianos cuentan realmente como cristianos. Si alguien cree que eso nunca se requiere, yo siempre puedo encontrar algún ejemplo de una iglesia, una organización o un individuo de quien *ellos* dirían que no es auténticamente cristiano.

La iglesia contemporánea valora mucho la tolerancia. Incluso muchos cristianos ortodoxos creen que es inapropiado juzgar como no auténticamente cristiana a una iglesia, una organización o un individuo que afirma ser cristiano. Sin embargo, esos cristianos por lo general están de acuerdo si la iglesia o el individuo demuestra odio, pero los mismos cristianos se apenan al juzgar a alguien que afirma ser cristiano como no cristiano basándose en creencias. Lo único que puedo decir es que, si alguien afirma ser cristiano pero no reconoce a Jesucristo como Dios encarnado, esa persona se refiere con el término *cristiano* a otra cosa distinta de lo que ha significado siempre.

Las creencias importan. El cristianismo tiene un contenido cognitivo; no es solamente cuestión de conducta ética. Muchos liberales creen que el cristianismo significa principalmente ética y, de manera irónica, muchos cristianos ortodoxos parecen estar de acuerdo. Se ha estado produciendo un cambio de paradigma en el significado de la palabra *cristiano* durante los dos últimos siglos, y se está acelerando incluso entre cristianos ortodoxos. Puede que crean en Jesucristo como Dios encarnado, pero destruyen el significado de su confesión cristiana si permiten que incluya la negación de Jesucristo como Dios encarnado.

Todos los que conocieron al teólogo liberal Marcus Borg están de acuerdo en que era uno de los hombres más amables que uno podía conocer. Aunque yo nunca lo conocí, he leído sus libros, lo he visto hablar en el internet, y me he comunicado con él por correo electrónico. Él fue extremadamente amable al responder a mis preguntas e incluso mis críticas de su teología; sin embargo, tristemente, debo decir que su afirmación de ser cristiano se resquebrajaba bajo el peso de su pobre cristología. Jesús era, según escribió en *El Dios que nunca conocimos*, «una persona espiritual» pero no divina.[44] Jesús fue «la revelación decisiva y la divulgación de Dios», pero no la única manifestación de Dios.[45] Fue «un maestro de una sabiduría poco convencional».[46] Él trastocó «ideas monárquicas de Dios» y de las sociedades humanas.[47] ¿Resucitó de la muerte? Según Borg, «la Semana Santa no necesita incluir la afirmación de que Dios intervino sobrenaturalmente para resucitar el cadáver de Jesús del sepulcro».[48] Borg, como todos los cristianos liberales, negaba al «Jesús del credo», el Jesús que era y es verdaderamente Dios y verdaderamente humano.[49]

---

44. Marcus J. Borg, *The God We Never Knew: Beyond Dogmatic Religion to a More Authentic Contemporary Faith* (New York: HarperCollins, 1997), p. 91.
45. Ibid., p. 84.
46. Ibid., p. 99.
47. Ibid., p. 101.
48. Ibid., p. 93.
49. Ibid., p. 97.

El de Borg es otro ejemplo de cristología de grado, la cual considera a Jesucristo diferente del resto de la humanidad en grado, pero no en clase. Según el cristianismo ortodoxo, Jesús era y es ambas cosas. A pesar de cuán verdadera pueda ser la cristología de grado (yo no creo que lo sea en absoluto), no es cristianismo verdadero. Es unitarismo disfrazado. Los herejes pueden ser las personas más agradables. Yo podría preferir como vecinos a algunos herejes o ateos antes que a algunos cristianos ortodoxos. Sin embargo, el cristianismo no es cuestión de amabilidad; es cuestión de ser un verdadero seguidor de Jesucristo y creer en Él y en las doctrinas fundamentales de la fe cristiana histórica y ortodoxa, sea cual sea la denominación.

John Shelby Spong influenció a millones de personas hacia el cristianismo liberal por medio de sus numerosos libros, apariciones en programas de entrevistas en televisión, y conferencias tanto en persona como en el internet. En el libro *Por qué el cristianismo debe cambiar o morir*, el obispo episcopal retirado y teólogo liberal dice que confesar a Jesucristo como «el único hijo de Dios [es] una afirmación arrogante».[50] Después de eso, confiesa que está a favor «reabrir el debate entre Arriano y Atanasio sobre la naturaleza de Cristo».[51] ¡Esa es una confesión asombrosa viniendo incluso de un obispo cristiano retirado! Anastasio (373) era el obispo de Alejandría (Egipto) a lo largo de la controversia arriana sobre la deidad de Jesucristo y la Trinidad. Atanasio escribió uno de los grandes clásicos del cristianismo antiguo, *La encarnación del Verbo*, en el cual defendía con fuerza la deidad igual del Padre y el Hijo de Dios, quien se encarnó en Jesucristo. Esta controversia fue una de las peores de la historia cristiana, y el resultado, que Jesucristo es *homoousios* (de la misma sustancia) con el Padre, fue una de sus mayores victorias. Aparentemente, si Spong se salía con la suya, el cristianismo anularía todo

---

50. John Shelby Spong, *Why Christianity Must Change or Die: A Bishop Speaks to Believers in Exile* (San Francisco: HarperSanFrancisco, 1998), p. 11.

51. Ibid., p. 19.

aquello por lo que sufrieron Atanasio y otros padres de la iglesia de antaño.

Spong afirma osadamente que la preexistencia de Jesús como el Verbo, el Logos, el Hijo de Dios, no lo creía nadie hasta bien avanzado el primer siglo.[52] No está claro cómo sabe eso. Uno tiene que preguntarse acerca del capítulo 2 de la epístola del apóstol Pablo a mitad del primer siglo a los filipenses, donde confiesa que Jesús «tomó forma de siervo», aunque era «en forma de Dios». Spong niega la verdad de gran parte del Nuevo Testamento y de la tradición de la iglesia. «Estos conceptos sagrados», escribe él, «nos involucran en una perspectiva de la vida humana que ya no está operativa».[53] «La inmensa mayoría del lenguaje cristiano tradicional se ha vuelto inoperable. Jesús, como el agente de la operación de rescate divina de Dios, no es un Jesús que apelará o comunicará con los ciudadanos de este siglo».[54] En ese contexto en particular, puede que se estuviera refiriendo más a la obra de Jesús que a su persona, pero su sentimiento básico es el mismo en ambos casos.

Spong admitió acerca de los primeros cristianos que «en este Jesús, habían conocido a Dios».[55] Sin embargo, continúa «desmitificando» todo lo sobrenatural acerca de su experiencia de Dios y acerca de Jesucristo.[56] Eso incluye la resurrección; no sucedió literalmente.[57] Para Spong, al igual que para la mayoría de los cristianos liberales, lo importante acerca de Jesucristo es «la experiencia de Jesús»[58] en la cual el amor de Dios se revela especialmente en la humanidad de Jesús y por medio de ella. Jesús, afirma Spong, «reveló que en cierto modo poseía las infinitas

52. Ibid., p. 80.
53. Ibid., p. 84.
54. Ibid., p. 98.
55. Ibid., p. 110.
56. Ibid., p. 108.
57. Ibid., p. 116.
58. Ibid., p. 117.

profundidades de la vida de Dios»,[59] y en ella, de una forma o de otra, «humanidad y divinidad fluyen en conjunto».[60] Sin embargo, según Spong, «Jesús no difería de nosotros en clase... Difería solamente en grado, el grado hasta el cual la consciencia de Dios llegó a la plenitud en él».[61]

Contrariamente a algunos teólogos liberales, Spong al menos reconoce la posibilidad de que simplemente esté creando una nueva religión.[62] Por lo menos sus críticos tienen «preocupaciones válidas» acerca de eso.[63] Tal vez, reflexionó, «hemos dado entrada a la agonía de ese sistema religioso venerable que antes llamábamos cristianismo».[64] En general, sin embargo, él no cree eso. Spong cree que el cristianismo puede sobrevivir si sigue su dirección, tal como él sigue la dirección de muchos teólogos liberales que le precedieron, hasta llegar a Schleiermacher. Es interesante, sin embargo, que son las iglesias liberales las que están batallando para sobrevivir; las iglesias conservadoras (incluidas «las de la renovación» como las pentecostales-carismáticas) están prosperando en todo el mundo.

Uno tiene que preguntarse qué creencias permanecen en la operación de rescate del cristianismo de Spong para las personas modernas. Sin duda, no la de Jesucristo como Dios y Salvador, que es la piedra angular del cristianismo bíblico, histórico y ortodoxo. Nuestra conclusión debe ser que la reflexión de Spong acerca de las «preocupaciones válidas» de los críticos es válida: él ha creado una nueva religión o ha creado su propia versión de una nueva religión llamada unitarismo que se remonta hasta el siglo XIX en los Estados Unidos.

Finalmente, para este capítulo llegamos a Douglas Ottati, probablemente el más profundo de todos los teólogos liberales

---

59. Ibid., p. 126.
60. Ibid., p. 131.
61. Ibid.
62. Ibid., p. 119.
63. Ibid.
64. Ibid.

desde Schleiermacher. Su libro *Una teología para el siglo XXI* es una obra maestra del cristianismo liberal. El único problema es que el título probablemente debería ser *Una nueva religión para el siglo XXI*. Sin embargo, incluso ese título sería erróneo, ya que lo que él presenta es en su mayoría una versión actualizada del cristianismo liberal de Schleiermacher. En efecto, Ottati *tiene intención* de reformar el cristianismo tradicional y no de inventar o reinventar una religión. Dejemos que el lector decida.

Al igual que Spong, Ottati reflexiona que el teólogo liberal alemán Ernst Troeltsch (1865-1923) puede que tuviera razón cuando anunció que el cristianismo podría «mutar» hacia otra cosa; al menos no hay ninguna garantía de que no lo hará.[65] En contexto, parece que Ottati no cree que su propia teología represente el cumplimiento de esa profecía. Sin embargo, sí cree que es posible que su propio cristianismo *reformado* pudiera mutar y transformarse en algo desconectado históricamente del cristianismo reformado. Él quiere evitar esa brecha. Sin embargo, ¿podría su propia teología ser exactamente lo que predijo Troeltsch: una nueva religión que surge del cristianismo, pero ya no continúa con el cristianismo histórico? Ottati cree que no, pero si eso puede suceder con la teología reformada, ¿por qué no con el cristianismo en general, y por qué no con el suyo? Puede verse que su cristología es tan diferente del cristianismo ortodoxo que representa una religión diferente.

La primera indicación del alejamiento de Ottati aparece cuando describe lo que la Escritura presenta como «el evento de Jesucristo, la sugerencia paradigmática a la luz de quien imaginamos a Dios como Creador-Juez-Redentor».[66] ¿Jesucristo es «la sugerencia paradigmática»? ¿Qué puede significar eso? ¿Representa eso el mismo tema de Cristo como símbolo que hemos visto anteriormente en las cristologías liberales? Ottati

65. Douglas F. Ottati, *A Theology for the Twenty-First Century* (Grand Rapids: Eerdmans, 2020), pp. 702–3.

66. Ibid., p. 128, cursivas añadidas.

continúa cuando afirma que su cristología se basa en «abundante material mitopoético» que se encuentra en la Escritura y en la tradición cristiana.[67] La imagen bíblica de Cristo se basa no en hechos factuales de acontecimientos históricos sino en imágenes simbólicas con poder transformador. ¿Quién es Jesucristo para Ottati? Es «una persona que manifiesta la dinámica y excelencia divinas fundamentales obrando en la creación».[68] Además, «es el Logos de Dios hecho manifiesto en la vida y el ministerio de un hombre de Nazaret».[69] Finalmente, «es la manifestación paradigmática de la sabiduría, la voluntad y el propósito de Dios al igual que de la vida humana en relación apropiada con Dios».[70]

El cristiano ortodoxo puede decir amén a todas esas cosas maravillosas sobre Jesucristo, pero él o ella las considerará insuficientes para expresar la naturaleza insuperable de Cristo no solo como la perfecta revelación humana de Dios sino también como Dios mismo entre nosotros como uno de nosotros. No es suficiente con confesar que Jesucristo es «un hombre con forma de Dios»[71] o la aparición de «una vida espiritual nueva e ideal».[72] Esas cosas representan otra cristología funcional liberal que abre la puerta a la posibilidad de que haya otros salvadores iguales a Jesucristo. Una vez más, vemos en Ottati un ejemplo de un serio alejamiento de lo que siempre ha sido el corazón del cristianismo: Jesucristo como único e insuperable Dios y Salvador. Una palabra puede redefinirse solo tan completamente antes de perder significado. Una religión puede revisarse solo tan completamente antes de que se convierta en otra cosa diferente.

Repito que no estoy sugiriendo que Ottati no tenga una relación con Dios reconciliada, y tampoco sugiero que Ottati sea deshonesto o insincero intencionadamente; sin duda, se considera

67. Ibid., p. 357.
68. Ibid., p. 360.
69. Ibid., p. 361.
70. Ibid.
71. Ibid., p. 389.
72. Ibid., p. 388.

a sí mismo cristiano, y muchos otros lo consideran como tal. Como sugerí anteriormente, él es el mejor y el más profundo representante de esa religión y tradición teológica establecida por Schleiermacher (y él reconoce paralelismo entre su teología y la de Schleiermacher).[73] La cuestión es si la tradición de Schleiermacher (la tradición protestante liberal) es auténticamente cristiana o es una religión totalmente nueva.

«Cristianismo es Cristo» es un viejo dicho entre los cristianos conservadores y ortodoxos. Muchos cristianos liberales están de acuerdo, pero la pregunta es la siguiente: «¿*quién* es Cristo?» Cristianos ortodoxos y cristianos liberales están en desacuerdo sobre eso. Para los cristianos ortodoxos, Cristo es Dios el Hijo, la segunda persona de la Trinidad, quien se hizo humano mediante el acontecimiento llamado la encarnación. Es Dios al igual que el hombre paradigmático. Personifica la perfección de la imagen y semejanza de Dios en la humanidad, algo que quedó quebrado en todos los otros seres humanos a causa del pecado. Sin embargo, es más que eso; también personifica a Dios en forma humana. Es a la vez Dios y hombre. La doctrina se llama la unión hipostática (la unión de dos naturalezas completas en una sola persona), y se decidió en el Concilio de Calcedonia en el año 451. Ottati al menos habla palabras bonitas sobre «el logro básico» de Calcedonia, pero al final lo rechaza como «un dogma fracturado» usando «lenguaje especulativo».[74] Para él, al igual que para todos los teólogos liberales que se molestan en abordarlo, la definición de Calcedonia (la doctrina de la unión hipostática) es, en el mejor de los casos, «una declaración semi simbólica» que señala al «carácter paradigmático del evento de Jesucristo».[75] No queda claro, no solo en la cristología de Ottati sino también en toda la teología liberal, lo que constituye exactamente el evento de Jesucristo más allá de ser un símbolo potentemente

73. Ibid.
74. Ibid., p. 392.
75. Ibid.

transformador. Para el cristianismo auténtico y para los cristianos ortodoxos, el «evento» de Jesucristo es una persona viva que es Dios por nosotros en carne humana, con quien podemos tener una relación personal y salvadora, y mediante el cual llegamos a conocer a Dios porque Él *es* Dios.

6

LA TEOLOGÍA LIBERAL Y LA SALVACIÓN

En el corazón del cristianismo bíblico e histórico está el evangelio: las buenas noticias de que la condición humana puede ser sanada, puede ser restaurada, y que Dios ha comenzado esa obra de sanidad y la perfeccionará en quienes confían en Él. Conceptos como pecado, caída, gracia, expiación, reconciliación, fe y regeneración son fundamentales para la historia bíblica y siempre han ocupado posiciones destacadas en el pensamiento y el lenguaje cristiano. Las tradiciones cristianas ortodoxas enfatizan y en ocasiones incluso definen esos conceptos de modo diferente, pero ninguna de ellas niega que la condición humana está tan quebrada, que solamente Dios puede sanarla y que Dios se ha acercado y comenzó a sanarla en Jesucristo. Todas las tradiciones cristianas ortodoxas también han creído siempre y han predicado que esta sanidad de la condición humana quebrada es sobrenatural; solo Dios puede hacerlo y lo hace «desde más allá», desde afuera de la condición humana quebrada. Para el cristianismo ortodoxo, la salvación es algo más que voltear una nueva página o que el espíritu triunfe sobre la naturaleza. La salvación incluye el triunfo del Espíritu Santo sobre la naturaleza humana quebrada, pero comienza y se produce desde afuera de la naturaleza humana quebrada, incluso si Dios termina transformando la naturaleza humana desde dentro.

El cristianismo es una religión de salvación, no de autosuperación. Y, según el mensaje del evangelio bíblico y tradicional, la salvación verdadera es solo por gracia, tal como declaró el apóstol Pablo en Efesios 2:8-9. Es un puro regalo que comienza con el amor de Dios y se centra en torno a la vida, muerte y resurrección de Jesucristo. Entra en la humanidad mediante esa vida divina-humana, la muerte y la resurrección recibidas por la fe y mediante la confianza en Dios, y continúa su obra transformadora a medida que individuos quebrados pero que confían permiten que el Espíritu Santo de Dios los sane y los restaure.

Todo eso para decir que, para el cristianismo bíblico-ortodoxo en todas sus distintas denominaciones, la salvación es obra sobrenatural de Dios por medio de Jesucristo y el Espíritu Santo incluso si, como creen algunas tradiciones cristianas, la persona humana que es salvada debe cooperar con esa obra. La muerte de Jesús en la cruz quebró el poder de Satanás y del pecado, pagó el castigo que la humanidad le debía a Dios a causa del pecado, y reconcilió a Dios con la humanidad y a la humanidad con Dios. La reconciliación se produce cuando el pecador la acepta por la fe. La resurrección de Jesús conquistó la muerte para quienes entran en comunión con Él por la fe, y Dios envió al Espíritu Santo para habitar en su interior, para sanar su quebranto interior, y para hacerlos santos y restaurados una vez más a imagen de Dios.

Repito: diferentes cristianos ortodoxos harán hincapié en diferentes aspectos de la obra salvadora de Dios por medio de Jesucristo y del Espíritu Santo de distintas maneras, pero todos han estado de acuerdo siempre en que eso es algo que solo Dios puede hacer por nosotros y en nosotros, y que el cambio ya ha comenzado con la vida, muerte, y resurrección de Jesucristo y la presencia del Espíritu Santo que habita en nosotros.

Por debajo de todo esto está la creencia cristiana común en que los seres humanos ciertamente están quebrados por el pecado, por la deserción de Dios, por la corrupción interior que mancha la imagen de Dios. Además, por debajo de todo ello está la creencia en que somos culpables delante de Dios y merecemos el castigo. El pecado es un concepto irreductible; no puede ignorarse explicándolo como ignorancia o que todavía no se ha producido una evolución o formación espiritual. Es una caída de la esencia a la existencia, lejos de nuestra verdadera humanidad en comunión con Dios hacia la existencia infernal en un alejamiento absoluto de Dios. Según el cristianismo ortodoxo, nuestra condición humana no tiene remedio aparte de la intervención de Dios para sacarnos de ella. Sin embargo, gracias a Dios, Él ha intervenido sobrenaturalmente en Jesucristo, el Mediador, y en el Espíritu Santo, el Transformador.

Todo esto se encuentra en el Nuevo Testamento, los primeros padres de la iglesia, los teólogos medievales, los reformadores, los pietistas y reformadores posteriores a la Reforma, y todos los teólogos y las iglesias ortodoxas modernas. Es el evangelio, la buena noticia que triunfa sobre la mala noticia. Es duramente realista acerca de nuestra condición caída, y está lleno de esperanza en Dios para vencerla debido a lo que Dios ha hecho. Sin este mensaje, esta creencia en el evangelio, el cristianismo no es cristianismo.

En el cristianismo de antaño, un hereje llamado Pelagio (de finales del cuarto siglo y principios del quinto) predicó un «evangelio» diferente de autosalvación por medio de las buenas obras. Su evangelio alternativo llegó a conocerse como pelagianismo, la creencia en que los seres humanos pueden ejercer su libre albedrío haciendo obras que agradan a Dios, y no necesitar nunca la gracia de Dios sobrenatural que interviene, reconcilia y sana. Alguna forma de pelagianismo ha perseguido al cristianismo como una sombra oscura a lo largo de los siglos, levantando su fea cabeza en repetidas ocasiones. Fue condenado por el Concilio de Éfeso en el año 431 y de nuevo en el Concilio (Sínodo) de Orange en el 529. Todos los reformadores protestantes lo rechazaron duramente entre los supuestos reformadores radicales. El pelagianismo siempre ha existido en el cristianismo popular en el que las personas han querido tener algún mérito para su propia salvación. Clichés como «Dios ayuda a quienes se ayudan a sí mismos» todavía se hacen eco de eso. La mayoría de sectas y sectas herejes del cristianismo predican alguna versión de esa idea. Durante la así llamada Ilustración al inicio de la modernidad, muchos cristianos pseudosofisticados abrazaron alguna forma de esa idea. Eso incluía a los deístas y los unitarios. Cristianos liberales como Schleiermacher y Ritschl batallaron con ella, intentaron evitarla, pero al final no pudieron hacerlo debido a sus prejuicios contra todo lo sobrenatural. También despreciaran la doctrina «sangrienta» de la muerte expiatoria de Cristo, considerándola primitiva e incluso repugnante. Desarrollaron explicaciones alternativas del acontecimiento de la cruz, reduciéndolo a ser un martirio en el cual Dios mostró su amor por la humanidad y se solidarizó con el sufrimiento humano.

En las raíces de todos los alejamiento del cristianismo liberal de este evangelio radican (1) una negativa del extremo quebranto de la condición humana, (2) una esperanza optimista acerca de la capacidad de la humanidad para trascender a la naturaleza, (3) un prejuicio contra todo lo sobrenatural, como las intervenciones divinas, (4) menosprecio por los sacrificios de sangre, incluyendo la muerte expiatoria de Jesús en la cruz, y (5) la creencia en que todo el mundo ya es salvo en el sentido de ser reconciliados con Dios incluso si todavía no son conscientes de ello, o no viven en comunión con Dios (universalismo). Los cristianos liberales se alejan de cualquier charla sobre de la ira de Dios, el juicio (de las personas), y el infierno. Redefinen el *pecado* y tienden a considerar la salvación como el espíritu humano que coopera con el Espíritu divino, ambos trabajando juntos hacia la conquista de la «resistencia» de la naturaleza que obstaculiza el reino de Dios. La salvación, entonces, es una experiencia de satisfacción, liberación, armonía y paz.

Lo siguiente es un breve esbozo de evangelio alternativo del cristianismo liberal, distinto al que Jesús ofreció y que predicaron los apóstoles. Este nuevo evangelio es fundamentalmente humanista, relegando al pasado (a la pila de basura del pensamiento cristiano primitivo) todo acerca del pecado como rebelión, alejamiento, culpabilidad, condenación, y la salvación como la intervención unilateral de Dios por medio del sacrificio de sangre (la cruz), la resurrección corporal (conquista de la muerte), y el poder sobrenatural y transformador del Espíritu Santo.

Friedrich Schleiermacher introdujo este evangelio nuevo y diferente entre los cristianos protestantes tradicionales en la primera mitad del siglo XIX. Ya había sido adoptado por los unitarios, pero Schleiermacher lo llevó hasta el cristianismo tradicional. Para mérito propio, Schleiermacher intentó darle una inclinación no pelagiana haciendo hincapié en la necesidad de la obra de Jesucristo y de la iglesia y sus sacramentos. Aun así, como todos los unitarios, Schleiermacher predicó y enseñó que todos ya son salvos en el sentido de ser reconciliados con Dios. Para él, al igual que para los unitarios, la salvación es el cumplimiento de la reconciliación con Dios y la comunión real con Dios. Para él, el pecado es la falta de consciencia de Dios, y la salvación es la sanidad de la consciencia de Dios por medio de la mediación del hombre consciente de Dios perfectamente: Jesucristo. Su muerte en la cruz no fue un sacrificio por los pecados, un pago de una deuda o un castigo que se debía a Dios, sino la identificación «del Redentor» con el sufrimiento humano. Todo acerca del evangelio cristiano fue redefinido en la teología de Schleiermacher. Sin duda, muchas de las élites alemanas permanecieron en las iglesias protestantes tradicionales debido a la «operación de rescate» de Schleiermacher, rescatando al cristianismo de ser menospreciado como primitivo e increíble para las personas iluminadas. De otro modo, podrían haberse abierto camino hacia el deísmo o el unitarismo, o simplemente haber abandonado las iglesias. Schleiermacher les mostró que es posible ser profundamente moderno, iluminado y al mismo tiempo cristiano, pero solamente a expensas del cristianismo ortodoxo. Él inventó una religión nueva sin admitirlo.[1]

Gary Dorrien comienza correctamente su estudio *The Making of American Liberal Theology* [La formación de la teología liberal estadounidense] con el unitarismo. Tal vez sea extraño que el unitarismo se mantenga en un segundo plano del cristianismo liberal, aunque muchos teólogos liberales estadounidenses al principio lo detestaban. Con el tiempo, los cristianos liberales sucumbieron al unitarismo sin saberlo o admitirlo. El pelagianismo esencial del unitarismo aparecía en su idea del propósito de la religión, que es, según Dorrien, «cultivar el poder moral individual».[2] El destacado pastor y teólogo unitario estadounidense Theodore Parker predicaba: «El cristianismo verdadero no se trata de la muerte o la divinidad de Cristo, sino de la muerte del pecado y la vida de la bondad sagrada en nuestros corazones».[3] A los pensadores cristianos liberales les preocupaba que el unitarismo descartara gran parte del cristianismo tradicional. «Amenazaba con extinguir el cristianismo» incluso mientras «presentaba oportunidades sin precedente».[4] El unitarismo abrió la puerta al libre pensamiento moderno en religión, liberando a la religión de los grilletes de la tradición. Pastores-teólogos liberales cristianos buscaban un tercer camino entre la ortodoxia y el unitarismo, y lo encontraron en el cristianismo revisado de Schleiermacher y de otros teólogos liberales europeos que lo despojaron de todo lo sobrenatural.

1. Para una exposición detallada de la teología de Schleiermacher, incluyendo su doctrina de la salvación, ver el capítulo 2 en mi libro *The Journey of Modern Theology: From Reconstruction to Deconstruction* (Downers Grove, IL: InterVarsity Press, 2013), pp. 130–46.

2. Gary J. Dorrien, *The Making of American Liberal Theology: Imagining Progressive Religion, 1805–1900* (Louisville: Westminster John Knox, 2001), p. 56.

3. Ibid., p. 99.

4. Ibid., p. 110.

Estos primeros pastores-teólogos liberales estadounidenses se apoyaban con fuerza en otro teólogo alemán, Albrecht Ritschl, para afirmar los aspectos positivos de su cristianismo modernizado. Ritschl y sus seguidores en Alemania edificaron sobre la «teología desde abajo» de Schleiermacher, el cristianismo no sobrenatural, pero añadieron una dimensión del reino de Dios como realidad social que amanecía entre medias de las reformas políticas y económicas. Dorrien capta el espíritu del cristianismo liberal estadounidense temprano perfectamente cuando lo denomina «el evangelio victoriano liberal»: «La buena noticia del evangelio es el triunfo del espíritu sobre la naturaleza mediado por el ejemplo y la enseñanza de Jesús. Bajo la influencia de Jesús, el redentor perfectamente consciente de Dios, los seres humanos son liberados de los impulsos egoístas de su naturaleza animal y transformados en personas con una relación correcta con Dios. Ser salvo es experimentar el cumplimiento de la personalidad espiritual y moral de la persona por medio del triunfo del Espíritu de Cristo, que habita en el interior, sobre la naturaleza».[5] Sin duda, la teología liberal atravesó etapas y permutaciones en relación con la historia, la política y la cultura, pero la idea esencial de salvación se mantuvo siempre igual. El cristianismo tradicional, según creían los liberales, tiene a la vez cáscara y grano. La tarea de la teología moderna es separar ambas cosas, o por lo menos identificar la diferencia entre ellas. Lo importante es el grano que está dentro de la cáscara. La cáscara resulta ser cualquier cosa que entre en conflicto con las sensibilidades modernas y naturalistas; el grano resulta ser solamente lo que es aceptable para las sensibilidades modernas y naturalistas y sigue siendo reconocible como espiritual e incluso cristiano.

Esencialmente, para todos los cristianos liberales el grano es el poder transformador del ejemplo de Jesucristo como el hombre plenamente consciente de Dios que se dedicó amorosamente

5. Ibid., p. 402.

a los demás, mientras que la cáscara es el complejo de historias milagrosas, mitos y dogmas que a las personas modernas les resultan ofensivos. Dicho de otro modo, el grano es el triunfo interior del espíritu sobre la naturaleza, siguiendo el ejemplo de Jesús, y la cáscara es la creencia en intervenciones divinas del pasado o del presente que entren en conflicto con la supuesta cosmovisión científica de la uniformidad de la naturaleza.

El historiador de cristianismo liberal estadounidense Kenneth Cauthen está de acuerdo con la perspectiva de Dorrien de la esencia del evangelio liberal: «El evangelio liberal es que la victoria del espíritu sobre la naturaleza puede ganarse si los hombres se apropian de la luz y la vida que les son mediadas por medio del impacto del Jesús histórico».[6] Con el tiempo, para algunos cristianos liberales, el «Jesús histórico» se convirtió más en un símbolo o una imagen que en alguien de quien podemos conocer muchas cosas. Aun así y sin embargo, la salvación es siempre para los cristianos liberales la imitación del modo de vida mostrado por Cristo, amando a Dios y amando lo que Dios ama, incluso si no podemos estar seguros de nada acerca de la biografía de Jesús.

El historiador William Hutchison reporta que, para los cristianos liberales, la persona humana no es radicalmente pecadora sino libre.[7] La libertad, y no la pecaminosidad, es el «atributo clave» de la humanidad.[8] ¿Qué es entonces el pecado? Para los teólogos liberales, el hombre es «un copartícipe potencial de Dios, cuyo terrible pecado fue un modo de retardar el propósito de Dios en desarrollo».[9] El pecado, entonces, es la resistencia de la humanidad a la voluntad de Dios, pero no es inherente a la humanidad. La humanidad puede escoger ser un colaborador de

---

6. Kenneth Cauthen, *The Impact of American Religious Liberalism*, 2nd ed. (1962; Lanham, MD: Univ. Press of America, 1983), p. 211.

7. William R. Hutchison, *The Modernist Impulse in American Protestantism* (New York and Oxford: Oxford Univ. Press, 1976), p. 247.

8. Ibid.

9. Ibid., p. 247.

Dios, ayudando a edificar el reino de Dios en la tierra, la sociedad organizada por el amor, o hundirse en el egoísmo. La salvación, por lo tanto, es escoger convertirnos en colaboradores de Dios.

El pastor y teólogo Washington Gladden confesó que la «nueva teología» (el cristianismo liberal) no cree en el pecado original y heredado.[10] Más bien, considera que el pecado es egocentrismo y egoísmo.[11] Es «una incredulidad en Dios desdeñosa e incluso despectiva; es la revelación de una consciencia que es esencialmente antisocial».[12] Según Gladden, puede manifestarse como «egoísmo desenfrenado y alborotador en los corazones humanos».[13] Sin embargo, se escoge libremente; no hay en él ninguna necesidad o inevitabilidad. Por desgracia, la mayoría de las personas sí lo escogen hasta cierto grado. Para Gladden, el pecado tiene consecuencias: «La paga del pecado... consiste en las consecuencias naturales del pecado»,[14] entre las cuales se incluyen «separación de Dios y enemistad contra Dios». La raíz del pecado radica en «las inclinaciones animales en las personas».[15] Como la mayoría de los liberales, si no todos, Gladden no creía en una caída histórica de la humanidad.

Entonces, ¿qué es la salvación? Gladden predicaba que la salvación es «un nuevo principio de vida implantado en el corazón»,[16] y que ese principio es falta de egoísmo y una sensación social hacia los demás. Eso llega mediante el arrepentimiento y la fe, con lo cual Gladden parecía referirse a algo parecido a voltear una nueva página: lejos del yo y hacia el camino de Jesucristo.[17] «La salvación es por medio de Jesucristo. Él nos muestra el camino de la vida; por su gran autosacrificio se gana nuestra confianza,

10. Washington Gladden, *Present Day Theology* (Columbus, OH: McClelland, 1913), p. 73.
11. Ibid., p. 75.
12. Ibid., p. 76.
13. Ibid., p. 77.
14. Ibid., p. 79.
15. Ibid., 80.
16. Ibid., 83.
17. Ibid., pp. 83, 84.

y nos convertimos en participantes de su espíritu; por medio de Él llegamos a conocer al Dios verdadero y la vida eterna».[18] El resultado es el cielo: «armonía con Dios».[19]

¿Cómo encaja la cruz en la teología liberal de Gladden? Gladden rechazaba las perspectivas sustitutivas de la expiación a favor de la expiación como ejemplo e influencia moral. «Es imposible... para cualquier hombre en su sano juicio admitir la justicia de castigar a una persona inocente por los pecados de una persona culpable».[20] La expiación (la obra de reconciliación de Cristo mediante su vida y su muerte) fue «la revelación de Dios al hombre».[21] Además, «la expiación... es el nombre que se da a la tristeza y el dolor infligidos por el pecado al corazón paternal de Dios».[22]

Como es con frecuencia el caso con los teólogos liberales, los problemas no radican tanto en lo que afirma Gladden sino en lo que niega o abandona. Sí, el pecado es egoísta, pero es más. El pecado es deserción de Dios mediante la desobediencia rebelde a la voluntad de Dios revelada. Sí, el pecado se escoge libremente, pero es también una condición con la cual nacemos los seres humanos. Nacemos en pecado pero nos volvemos culpables, separados de Dios, cuando ponemos en práctica libremente la condición de pecado mediante la desobediencia a Dios, algo que hacen todas las personas en tanto que viven hasta la edad de rendir cuentas. Sí, la expiación es una revelación del amor y la influencia moral de Dios hacia el autosacrificio por otros, pero es algo más. Es también el acto de reconciliación de Dios mediante la muerte de Cristo en la cruz. Sí, la salvación es voltear una página nueva, pero es Dios quien la voltea mediante la gracia solamente.

Tristemente, la «nueva teología» de Gladden es un evangelio distinto al evangelio del Nuevo Testamento y el cristianismo tradicional. Carece de cualquier sensación profunda de nuestra

18. Ibid., p. 87.
19. Ibid., p. 98.
20. Ibid., p. 155.
21. Ibid., p. 165.
22. Ibid., p. 169.

indefensión pecaminosa para ser reconciliados con Dios por nosotros mismos. Carece de cualquier sensación profunda de la justicia y la ira de Dios. Carece de cualquier llamado real al arrepentimiento, la tristeza por el pecado, y confianza solamente en Jesucristo para salvación. Carece de un infierno real que espera a los pecadores que se niegan a aceptar la oferta de Dios de salvación por medio de Jesucristo. El evangelio de Gladden tiene el lenguaje del Nuevo Testamento y el cristianismo tradicional, pero redefine palabras y conceptos de modo que lo que en realidad aparece es una fina capa de humanismo con Jesucristo como ejemplo de vida moral.

Henry Churchill King tuvo poco que decir acerca del pecado y la salvación en *La reconstrucción de la teología*; lo que él creía acerca de estos importantes conceptos debe discernirse de lo que dice acerca de otros temas. Para él, al igual que para otros teólogos liberales, la modernidad requiere que «la definición misma de religión sea cambiada».[23] Nada permanece igual. Las doctrinas deben ser prácticas en lugar de ser metafísicas. No tratan acerca de cosas en sí mismas sino de vida cristiana diaria y transformación social. La doctrina del pecado debe ser relacional; pecado es alejarse del señorío práctico de Jesucristo, lo cual significa vivir «una amistad con Dios cada vez más profunda».[24] Salvación significa reconocer «el valor y lo sagrado de [cada] persona»[25] debido a la paternidad universal de Dios.[26] Salvación también significa «el

despertar de la conciencia social»[27] hacia el reino de Dios como la hermandad real de las personas humanas.[28]

King estaba fuertemente influenciado por Ritschl, cuyo proyecto de toda la vida en teología era la «moralización del dogma»,

23. Henry Churchill King, *Reconstruction in Theology* (New York: Macmillan, 1901), p. 181.
24. Ibid., p. 200.
25. Ibid., p. 235.
26. Ibid., p. 171.
27. Ibid., p. 178.
28. Ibid., p. 238.

presentando doctrinas y normas cuyo fruto ético no podía ser descubierto, y dirigiendo cada doctrina y dogma retenidos hacia la transformación social, con el reino de Dios terrenal, humano e histórico (una sociedad organizada por el amor) como el ideal. El interés de King en la salvación no era tanto el perdón o la reconciliación con Dios como la formación de carácter: moldear una vida de amor siguiendo el ejemplo de Cristo.[29] De nuevo, lo que se comunica en el relato del pecado y la salvación de King, por poco que sea, es algo parecido a voltear una nueva página. La salvación aleja a los humanos del enfoque en el yo y los dirige hacia el enfoque en otros, especialmente hacia el reino de amor mostrado en la enseñanza y la vida de Jesucristo.

Es irónico que King advirtiera precisamente en contra de lo que él hizo: «Es fácil aquí plantear una protesta contra los viejos credos de modo tan fuerte y serio como para debilitar el sostén de toda verdad cristiana».[30] King protestó contra las afirmaciones doctrinales, los sistemas y las formulaciones doctrinales tradicionales, especialmente el calvinismo. Sin embargo, en el proceso también dejó atrás la mayor parte de la verdad cristiana. En palabras del viejo dicho, se deshizo del bebé junto con el agua de la bañera, algo típico del cristianismo liberal.

La teología de la ética es buena; el dogma moralizante es valioso. Algunos lo han hecho sin deshacerse del bebé junto con el agua. Un ejemplo de la misma época de King es el pastor y teólogo evangélico británico Peter Taylor Forsyth (1848-1921). En libros como *Predicación positiva y la mente moderna*, el ministro congregacional defendía y practicaba la «moralización del dogma» sin descartar doctrinas cristianas tradicionales como el pecado original y la salvación mediante la muerte expiatoria de Jesucristo.[31] Por ejemplo, hacía hincapié en la humanidad

29. Ibid., pp. 199–206.
30. Ibid., p. 4.
31. Peter Taylor Forsyth, *Positive Preaching and Modern Mind* (London: Hodder and Stoughton, 1907).

de Cristo como el modelo para la vida ética cristiana, pero sin negar la deidad de Cristo. También reformuló la doctrina de la expiación para subrayar su influencia moral sin negar su logro objetivo de reconciliar a Dios con la humanidad y a la humanidad con Dios. Forsyth era progresista sin ser liberal teológicamente. Él es un modelo para muchos evangélicos progresistas.

El problema con los teólogos liberales y los cristianos liberales es que llegan demasiado lejos a la hora de reconstruir el cristianismo y la teología. El teólogo evangélico Millard Erickson (1932) distingue entre traducir el evangelio y transformarlo.[32] Forsyth lo tradujo para la mente moderna; Gladden, King, y los teólogos liberales tienden a transformarlo, convirtiéndolo en algo distinto al cristianismo auténtico. Convertirlo ¿en qué? Puede que no esté demasiado alejado de lo cierto al decir que transformaron la buena noticia en el falso evangelio del unitarismo primitivo.

Un siglo después del surgimiento del unitarismo en los Estados Unidos, principalmente en Nueva Inglaterra entre congregacionistas, Gladden y King simplemente repitieron la esencia del unitarismo, con una capa cristiana. Los primeros unitarios no abandonaron a Jesucristo o a Dios, el pecado o la salvación. Reinterpretaron esas doctrinas, principalmente como reacción en contra de calvinismo dogmático, duro y rígido de su tradición. Gladden y King deberían haber admitido que eran esencialmente unitarios que utilizaban el lenguaje del cristianismo tradicional, pero se referían más o menos a lo que defendía el unitarismo. Lo que ellos no tuvieron que hacer, que podían escribir y predicar lo que hacían dentro de una denominación protestante tradicional (las iglesias con relacionales estadounidenses), dice mucho acerca de lo que estaba sucediendo en el protestantismo tradicional durante sus vidas y ministerios. Lo mismo está sucediendo hoy día en el protestantismo en los Estados Unidos.

---

32. Millard Erickson, *Christian Theology*, 3 vols. (Grand Rapids: Baker, 1983–85), pp. 1:112–20.

Algunos historiadores de cristianismo liberal distinguen entre liberales evangélicos y liberales modernistas. A Gary Dorrien no le agrada esa distinción a la vez que admite que contiene cierta verdad. Sin embargo, según él, todos los cristianos liberales verdaderos son modernistas,[33] pero incluso él mismo reconoce que algunos teólogos liberales se acercan más que otros a la religión evangélica. L. Harold DeWolf es uno de esos casos. DeWolf creía en el pecado original y lo enseñaba como pecaminosidad universal; negaba solamente la culpa heredada (la doctrina agustina de que cada niño nace culpable del pecado de Adán), algo que muchos protestantes tradicionales han negado.[34] Él escribió que la naturaleza esencial y verdadera de la humanidad es buena, pero «ser bueno es extremadamente difícil, mientras que, para ser malo, solamente hay que permitir rienda suelta a los impulsos».[35] Él no explica por qué. Con respecto a la salvación, DeWolf escribió que la persona humana no puede ser verdaderamente ella misma «sin el esfuerzo de una voluntad transformada y dirigida más allá de sí misma por la gracia de Dios».[36] No hay duda de que se estaba refiriendo a la gracia preventiva, una doctrina típicamente metodista de la gracia auxiliadora de Dios. De ese modo, DeWolf no reducía la salvación a meramente voltear una página nueva, sino que parecía tener en mente un tipo de moralismo cristiano que combinaba gracia y esfuerzo.

Al igual que muchos teólogos liberales, DeWolf creía en la salvación universal.[37] Al mismo tiempo, sin embargo, también llamaba a una conversión individual y social, al camino de Jesucristo. Ese camino es seguir «los requisitos éticos de Jesús... por lo que

33. Gary J. Dorrien, *The Making of American Liberal Theology: Idealism, Realism, and Modernity, 1900–1950* (Louisville: Westminster John Knox, 2003), p. 16.

34. L. Harold DeWolf, *The Case for Theology in Liberal Perspective* (Philadelphia: Westminster, 1959), pp. 115–23.

35. Ibid., p. 123.

36. Ibid.

37. Ibid., p. 175.

respecta a patrones de vida individuales y personales».[38] DeWolf podía ser frustrantemente difuso en ocasiones, pareciendo a la vez liberal y conservador. Con la teología cristiana conservadora y ortodoxa afirmaba el pecado universal y la necesidad de salvación; con la teología cristiana modernista y liberal creía que, al final, todas las personas serán salvas incluso sin conversión. Su énfasis recaía en la vida cristiana, y daba a entender que podía vivirse simplemente volteando una nueva página, tomando las decisiones correctas, y siguiendo el patrón de vida ejemplificado por Jesús. Sin embargo, también afirmaba que «el hombre es confrontado divinamente»[39] y llamado por Dios a arrepentirse y creer. Carecía del fuerte énfasis del cristianismo ortodoxo era la gracia de Dios sobrenatural para salvación, una gracia que da al pecador la capacidad de arrepentirse y creer.

DeWolf claramente quería ser evangélico en cierto sentido; no se consideraba a sí mismo totalmente modernista. Sin embargo, llamaba repetidamente al cristianismo a acomodarse a la cultura moderna. Era cierto tipo de profeta con respecto a sus colegas y amigos liberales: «Si no creemos que la fe cristiana es verdad en sus declaraciones básicas, entonces no somos creyentes y es solamente una burla llamarnos a nosotros mismos cristianos».[40] La cuestión es si DeWolf mismo merecía ser llamado cristiano a la luz de su cristología y su débil soteriología (doctrina de la salvación).

El teólogo liberal Delwin Brown expresó una doctrina del pecado sin corrupción o culpa heredada. Él escribió: «El pecado es la manera múltiple en que nos negamos o nos distorsionamos a nosotros mismos como una parte del espíritu, una parte de la naturaleza. El pecado es una negación de nosotros mismos tal como Dios nos creó: como espíritu y naturaleza, naturaleza y

38. Ibid., p. 146.
39. Ibid., p. 115.
40. Ibid., p. 188.

espíritu».[41] Brown no seguía la típica idea de salvación liberal del siglo XIX como espíritu trascendente o incluso naturaleza que conquista. Él reconocía la bondad de la naturaleza. Su énfasis acerca del pecado era «el pecado social»: las muchas maneras en las que los seres humanos viven en contra de la «atracción divina» hacia la armonía. Para él, al igual que para muchos cristianos liberales del siglo XX, la salvación se interpretaba como algo que sucede *en* nuestra historia, especialmente la liberación de la opresión.[42] El liberalismo teológico de Brown se revela con más claridad en su aseveración de que la gracia es un «poder en la naturaleza, en las personas, en la sociedad, en la economía, en la historia».[43] Esta es la inmanencia de Dios en términos soteriológicos; Dios está integrado misericordiosamente en toda la realidad. No parece haber ninguna necesidad de incursiones sobrenaturales o acciones especiales; es cuestión de descubrir y utilizar la gracia que siempre está ahí ya.

A la manera típica de la teología liberal, Brown negaba la existencia de un cielo y un infierno literales. Para él, el cielo y el infierno son «la permanencia de todo cumplimiento y de toda destrucción» en esta vida y en la historia.[44] «La imagen de la "vida eterna" connota... la convicción de que nuestras vidas, incluso ahora, tienen una ultimidad, un significado permanente en un Dios eteno».[45] Para Brown, como teólogo del proceso, Dios absorbe en sí mismo todo lo que sucede. La vida de Dios es enriquecida o empobrecida por lo que nosotros hacemos. Todo afecta a Dios y, por lo tanto, afecta el futuro a medida que Dios puede o no puede influir en el mundo hacia el bien. Brown evitaba responder a la pregunta de la vida después de la muerte personal y subjetiva. Es posible leer sus escritos y pensar que no creía en la

41. Clark H. Pinnock and Delwin Brown, *Theological Crossfire: An Evangelical/Liberal Dialogue* (Grand Rapids: Zondervan, 1990), p. 103.
42. Ibid., p. 183.
43. Ibid.
44. Ibid., p. 239.
45. Ibid., p. 240.

vida después de la muerte, aunque no lo negaba explícitamente. En ese sentido, parecía alejarse del consenso de la teología cristiana liberal acerca de la salvación universal.

El teólogo liberal Donald Miller expresó la salvación como «la experiencia de la persona» de «la Realidad» mediada por «las formas» (símbolos) del cristianismo.[46] De todos los teólogos liberales que hemos examinado aquí, el pensamiento de Miller es el más abstracto. Esto se debe a su aceptación incondicional del realismo simbólico. Para Miller, la religión se trata de símbolos, no de historia, milagros, o revelaciones sobrenaturales. Los símbolos pueden ser revelados, pero surgen «desde abajo», a través de las experiencias que las personas tienen con «la Realidad» (Dios). Puede que la teología de Miller sea abstracta; también es subjetiva. Él sugiere poco que sea objetivo a lo que aferrarse, tal como la resurrección histórica de Jesucristo. Ciertos símbolos religiosos transforman a las personas de maneras positivas; eso es lo que significa la religión. La salvación es la experiencia de ser transformado positivamente mediante experiencias de «la Realidad» (Dios) mediante símbolos, «las formas» de la religión (incluido el cristianismo).

El teólogo liberal Peter Hodgson recurrió a la teología de la liberación para reconstruir una doctrina cristiana de la salvación. Para él, la teología liberal *es* teología de la liberación, pero en más niveles que la teología de la liberación latinoamericana.[47] Según Hodgson, «una diversidad de caminos de salvación independientes aparece en la historia del mundo».[48] No hay un solo camino de salvación, sino que para los cristianos contemporáneos es mejor comprender la salvación como «libertad liberada».[49] Lo que quiere decir con esa frase es lo siguiente: «Una mejora de

---

46. Donald E. Miller, *The Case for Liberal Christianity* (San Francisco: Harper and Row, 1981), p. 31.

47. Peter Crafts Hodgson, *Liberal Theology: A Radical Vision* (Minneapolis: Fortress, 2007), p. 69.

48. Ibid., p. 90.

49. Ibid.

vida y diversidad, una convivencia armoniosa juntamente de todo el cosmos, una lucha por sanar conflictos trágicos, un crecimiento hacia amor y libertad, iluminación y sabiduría, bondad y belleza».[50] Por lo tanto, la salvación para Hodgson, al igual que para muchos cristianos liberales, no incluye el perdón de Dios o la reconciliación con Dios en ningún sentido tradicional; significa transformación social. Ciertamente implica al individuo, pero la salvación del individuo depende de la transformación de todo el cosmos. Hodgson no deja claro exactamente lo que tiene que ver Dios con todo eso. Tampoco queda claro si las personas necesitan arrepentirse y confiar en Dios por medio de Jesucristo para ser salvas. Parece dudoso.

De nuevo, el problema con el relato de la salvación que presenta Hodgson no está tanto en lo que afirma como en lo que deja fuera. Un cristiano ortodoxo puede afirmar que la salvación suprema incluye transformación cósmica (Romanos 8) y, junto con los padres de la iglesia y los reformadores, insistirá en que la salvación incluye transformación individual por la gracia de Dios por medio de la fe (y algunos querrán añadir «obras de amor»). Esa transformación individual incluye reconciliación con Dios, la cual requiere arrepentimiento. Falta por completo en el relato de la salvación de Hodgson, al igual que en la mayoría de los relatos liberales, cualquier idea de conversión: que el individuo necesita nacer de nuevo mediante el Espíritu de Dios por medio del arrepentimiento y la fe.

El teólogo liberal Marcus Borg admite que «el alejamiento» de Dios, de otros y de uno mismo es parte de la condición humana. Para él, la salvación es superar ese alejamiento mediante «abrirse a Dios».[51] Para él, la salvación es multifacética, pero en su núcleo está «ser reconectados con Dios».[52] Al final, esta reconexión con Dios es un regalo de la gracia de Dios; la única

50. Ibid., p. 91.
51. Ibid., pp. 111, 114.
52. Ibid., p. 160.

tarea para la persona humana es la fe, la cual implica fidelidad, confianza y creencia.[53] Hasta ahí, todo bien. Sin embargo, para Borg, ser salvo de ese modo es un proceso que dura toda la vida; no hay ninguna conversión a excepción de que «decidimos dar el primer paso»[54] para tener una relación con Dios restaurada. Esta es una expresión de lo que se conoce en la teología histórica como semi pelagianismo, la herejía que dice que la iniciativa en la salvación pertenece a la persona humana. Es cuestionable si Borg estaría de acuerdo en eso, si se le empujara a explicarse; sin embargo, en general, el relato de la salvación que hace Borg no incluye ninguna amenaza de infierno si alguien no recibe el regalo de Dios. Para él, la salvación es principalmente de este mundo, y tiene que ver con la vida aquí y ahora, antes de la muerte. Él era agnóstico con respecto a la vida después de la muerte, y escribió: «En el centro de la comprensión bíblica de la salvación está una relación con Dios en el presente, cuyos regalos son libertad, gozo, paz y amor, y cuyos frutos son la compasión y la justicia».[55]

Sin ninguna duda, de todos los teólogos liberales examinados aquí, Borg destaca como uno de los más ortodoxos y, sin embargo, sigue faltando mucho cristianismo bíblico y ortodoxo en su teología. Su doctrina de la salvación carece del énfasis bíblico en la discontinuidad radical entre la vieja vida y la nueva, la experiencia de lo que la Biblia llama regeneración, ser «nacido de arriba» (Juan 3:3). Típico del cristianismo liberal es un énfasis en la continuidad y un abandono de la intervención divina radical para crear algo nuevo. También falta el llamado bíblico al arrepentimiento y la amenaza real de infierno para quienes no se arrepienten.

John Shelby Spong quizá sea el más agresivo de todos los teólogos cristianos liberales en lo que respecta a rechazar las perspectivas de la salvación del cristianismo tradicional, ortodoxo, y

53. Ibid., pp. 169–71.
54. Ibid., p. 170.
55. Ibid., p. 175.

especialmente conservador. Con respecto a la perspectiva cristiana tradicional de la expiación de Cristo, escribió: «Yo escogería aborrecer en lugar de adorar a una deidad que requiriera el sacrificio de su hijo».[56] Para él, la muerte de Jesús en la cruz fue un martirio profundamente trágico de un gran profeta, y no un sacrificio salvador por los pecados. Spong rechazaba todas las creencias cristianas tradicionales acerca del pecado como «manipulación con culpa» y sostenía una idea positiva de la humanidad. Para él, el pecado original es simplemente la verdad de que «todos los seres humanos seguimos todavía enredados en la lucha para llegar a ser nuestro yo más profundo y más verdadero».[57] Como era de esperar, Spong es un universalista en términos de la salvación individual; no hay infierno. Puso sus cartas liberales sobre la mesa con bastante claridad cuando escribió: «Yo... debo dejar atrás la mayoría del equipaje del cielo y el infierno, todas las comprensiones teístas de Dios, y... esos esfuerzos legendarios y fantasiosos de interpretar a Jesús como la encarnación de una deidad teísta externa».[58] Sin embargo, después de todo eso mostró esperanza de cierta sensación de eternidad».[59]

El teólogo liberal Douglas Ottati escribe acerca de la salvación bajo la rúbrica de «vida humana» en *Una teología para el siglo* XX. En él, de modo verdaderamente liberal, propone que la salvación significa simplemente lo que enseñó Paul Tillich: «Es como si una voz estuviera diciendo: "eres aceptado... por eso que es mayor que tú"». Ottati continúa con sus propias palabras: «Aceptemos el hecho de que Dios *es* el Dios de gracia y que Dios será Dios. Hay seguridad en esa aceptación, al igual que en la valentía para participar en situaciones repletas de promesas y riesgos».[60] Aunque Ottati menciona frecuentemente y cita al teólogo

56. John Shelby Spong, *Why Christianity Must Change or Die: A Bishop Speaks to Believers in Exile* (San Francisco: HarperSanFrancisco, 1998), p. 95.

57. Ibid., p. 97.

58. Ibid., p. 219.

59. Ibid.

60. Ibid., cursivas en el original.

suizo Emil Brunner (1889-1966), rechaza el énfasis de Brunner en la salvación como regalo y también tarea. Para Ottati, o eso parece, la salvación es únicamente un regalo sin tarea. Sí habla de la santificación, el crecimiento de la gracia e incluso las buenas obras, pero no con respecto a que tengan algo que ver con la aceptación divina. Lleva al extremo el *simul justus et peccator* (justo y pecador al mismo tiempo) de Lutero y nos deja con la idea de que todas las personas son aceptadas por Dios independientemente de cuál sea su acto o decisión de fe, su confianza en Jesucristo o su falta de la misma. El resultado, aparentemente, es una doctrina de la salvación llena de psicología con la intención de hacer que las personas se relajen de tener que temer a Dios y pasen a cierto tipo de aceptación estoica de que son aceptados sin que haya ningún requisito de esforzarse para pasar al ámbito de la gracia de Dios por la fe que se arrepiente de pecado, se aleja del pecado y del yo hacia Dios y es transformado interiormente, recibe un nuevo corazón de modo sobrenatural por el Espíritu de Dios, quien llega para habitar en su interior. La doctrina de la salvación de Ottati, con todo su rigor acerca de los compromisos políticos para aquellos que aceptan que son aceptados, termina siendo terapéutica. Todos pueden tener la seguridad de que son salvos por gracia automáticamente.

¿Qué es entonces la salvación en el cristianismo liberal? Depende de a qué cristiano liberal preguntemos, pero el consenso entre los teólogos liberales es que la salvación es un proceso de llegar a ser nuestro mejor yo juntamente con Dios, quien de alguna manera es mejorado por ese proceso. Aun así, la mayoría de los teólogos liberales quieren decir algo acerca del pecado humano y la gracia de Dios, pero el pecado es reinterpretado como quedar corto de nuestro yo verdadero y mejor, y la gracia es reinterpretada como la presencia auxiliadora de Dios en nuestra lucha para llegar a ser mejores. Regresando al padre del cristianismo liberal, Friedrich Schleiermacher, el pecado es la falta de consciencia de Dios. La salvación es el aumento de la consciencia de Dios. La gracia es la ayuda de Dios para aumentar la consciencia de Dios. Carente en todo el cristianismo liberal está cualquier sensación de indefensión humana para hacer cualquier cosa que agrade a Dios o para restaurar una relación correcta con Dios. Carece de cualquier sensación de perdición verdadera, de profunda separación de Dios, de condenación. Carece de cualquier sensación de gracia sobrenatural que interviene por medio de Jesucristo, especialmente su muerte sacrificial que nos reconcilia con Dios y a Dios con nosotros si nos arrepentimos y creemos. Carece de cualquier sensación de un cielo y un infierno futuros y reales.

De nuevo, al igual que otras creencias, los cristianos liberales han cortado el cordón de continuidad entre sus doctrinas y las de los cristianos que les precedieron, al menos antes de Schleiermacher, el fundador de este nuevo tipo de cristianismo. Sin duda, hubo libre pensadores y herejes antes Schleiermacher, pero él fue el primer teólogo profundamente involucrado en la iglesia en cortar por completo el cordón y crear una nueva religión con Cristo en su centro. «Con Cristo en su centro» es engañoso, sin embargo, porque juntamente con Cristo en el centro estaba y está el ser humano. Cristo no está solo en el centro del cristianismo liberal (si es que lo está). Comenzando con Schleiermacher, el enfoque de la atención del cristianismo liberal está en el ser humano potencialmente bueno. Según esta perspectiva, todo el mundo necesita sobrepasar la naturaleza con el espíritu para llegar a una realización espiritual volteando una nueva página con la ayuda de Dios. Una religión centrada en el hombre ha sustituido entonces al cristianismo verdadero. El cristianismo como ha sido siempre antes, el cristianismo del Nuevo Testamento, el cristianismo de los padres y las madres de la iglesia, el cristianismo de los reformadores, el cristianismo de las creencias evangélica, católica y ortodoxa, el cristianismo centrado en la intervención misericordiosa de Dios para salvar a los perdidos, para dar esperanza a los que no la tienen, para perdonar.

El cristianismo liberal, si es que es cristianismo en algo, es lo que el apóstol Pablo llamó «un evangelio diferente». Es un falso evangelio, asumiendo que el evangelio bíblico y ortodoxo es verdadero. Quienes aceptan el evangelio del cristianismo liberal debieran admitir que no es auténticamente cristiano. Puede que lo llamen buenas noticias, pero quienes saben cuán indefensos estamos los seres humanos para tener una relación correcta con Dios por nosotros mismos, apartados de la gracia y el poder de Dios sobrenaturales y que intervienen, saben que este evangelio liberal es una mala noticia porque no puede comunicar lo que nosotros no nos decimos ya a nosotros mismos o queremos saber por nosotros mismos. Y lo que nos decimos a nosotros mismos o sabemos por nosotros mismos acerca de Dios, el pecado y la salvación, normalmente es lo mejor para nosotros y no nos cuesta nada. Es, como lo llamó un estudiante, «una salsa débil», y peor. Puede que sea peor; puede que sea veneno espiritual porque traiciona la verdad que Dios ha revelado acerca de sí mismo, de nosotros, y de cómo podemos encontrar satisfacción, esperanza, gozo y paz.

7

EL FUTURO EN LA TEOLOGÍA LIBERAL

¿Hay una doctrina cristiana ortodoxa acerca del futuro? Muchos cristianos conservadores confunden ciertas creencias populares acerca del futuro con «lo que enseña la Biblia». Libros populares sobre los últimos tiempos, profecía bíblica, el rapto, y el anticristo han causado esta confusión. La mayoría de esos libros cristianos populares expresan o ilustran de modo ficticio ciertas opiniones sobre lo que la Biblia enseña acerca del futuro. Algunas denominaciones cristianas han elevado realmente algunas de esas opiniones al estado de ser doctrinas requeridas.

Por ejemplo, el premilenialismo puede que sea verdad o puede que no; sin embargo, yo creo que hay buenos motivos bíblicos para creer en esa idea. El premilenialismo es la creencia en que, cuando Cristo regrese a la tierra, gobernará y reinará personalmente en cuerpo (en su cuerpo glorificado) en la tierra durante mil años. Los premilenialistas basan eso en Apocalipsis 20, entre otros pasajes. Creen que, durante este futuro reinado milenial de Cristo sobre la tierra, Satanás será atado y no podrá tentar a las personas. Algunos de los padres de la iglesia primitiva enseñaron una versión del premilenialismo, pero esta interpretación de la Biblia y del futuro nunca fue elevada al estado de dogma (lo que deben creer todos los cristianos) hasta principios del siglo XX, e incluso entonces solo por parte de algunos cristianos extremadamente conservadores y fundamentalistas. La inmensa mayoría de los cristianos la consideran, en el mejor de los casos, una doctrina y no un dogma del cristianismo ortodoxo.[1]

Sin embargo, la Biblia contiene mucha profecía acerca de la venida del mesías de Dios al final de la historia humana tal como la conocemos. Que Jesucristo regresará a la tierra siempre lo han creído los cristianos ortodoxos de todas las tradiciones principales. El Credo de los Apóstoles dice que Jesucristo vendrá otra vez a juzgar a los vivos y a los muertos. Todos los cristianos creían en el regreso de Cristo a la tierra para juzgar a las naciones y abrir el cielo para quienes aceptan su amor y su gracia; hasta el surgimiento del cristianismo liberal con Schleiermacher. Desde Schleiermacher en adelante, teólogos liberales han considerado generalmente la charla sobre *parousia* (el regreso de Cristo y eventos que lo rodean) como simbólica y metafórica, de ningún modo para tomarla literalmente o como acontecimientos reales en el futuro.

Esto constituye otro alejamiento liberal importante del cristianismo bíblico-ortodoxo. Algunos cristianos liberales llegan tan lejos como para sugerir que el mundo terminará en una inmensa explosión solar, y ese será el fin de nuestro mundo, sin que haya nada que llegue tras ese acontecimiento. La humanidad misma puede dejar de existir. Algunos cristianos liberales niegan la inmortalidad subjetiva (la creencia en la vida individual y consciente tras la muerte del cuerpo). En cambio, aceptan la inmortalidad objetiva (la creencia en que, cuando una persona

1. Para saber más sobre el premilenialismo en el cristianismo tradicional y ortodoxo, incluyendo entre los padres de la iglesia, ver *A Case for Historic Premillennialism: An Alternative to "Left Behind" Eschatology*, ed. Craig L. Blomberg y Sung Wook Chung (Grand Rapids: Baker Academic, 2009).

muere, él o ella simplemente sigue viviendo en la memoria de Dios). Otros teólogos liberales expresan agnosticismo acerca de la naturaleza de la vida después de la muerte, pero todos ellos niegan el infierno (de manera explícita o implícita) como un castigo eterno de los malvados.

La teología cristiana acerca de la consumación de la humanidad y la vida después de la muerte se llama escatología, y este capítulo habla de las creencias y enseñanzas escatológicas de los cristianos liberales. Demostrará que los teólogos liberales que influencian a los cristianos liberales cortan el cordón de continuidad entre ellos mismos y el cristianismo ortodoxo de modo tan claro, que debieran dejar de llamarse a sí mismos cristianos.

Hay pocas dudas de que el padre del cristianismo liberal, Friedrich Schleiermacher, creía en la vida después de la muerte, pero era reticente cuando se trataba de describirla. En palabras del teólogo del siglo XX Reinhold Niebuhr, Schleiermacher probablemente pensaba que no debería querer saber demasiado acerca de los muebles que habrá en el cielo o la temperatura del infierno. Si Schleiermacher creía o no en un infierno literal (real) es dudoso. Creía en la salvación universal, al igual que todos sus fieles seguidores liberales. ¿Qué creía acerca de *parousia*? Que es un símbolo de la llegada de la consciencia de Dios a individuos y a la familia humana. No creía en un regreso literal del hombre Jesucristo para juzgar al mundo y establecer su reino para siempre.[2]

Es interesante que Gary Dorrien tenga poco que decir acerca de la escatología en sus tres volúmenes de la historia de las creencias teológicas liberales estadounidenses. ¡El motivo probablemente sea que los teólogos liberales mismos tienen poco que decir sobre escatología! La escatología parece haberse esfumado del cristianismo liberal, a excepción tal vez del «ya» de la dualidad tradicional «ya pero todavía no» de la creencia cristiana en el reino de Dios. En el pensamiento cristiano tradicional,

2. Friedrich Schleiermacher, *The Christian Faith*, ed. H. R Macintosh and J. S. Stewart (1830; Edinburgh: T&T Clark, 1948), pp. 707–9.

el reino de Dios por medio de Jesucristo ya está presente, pero de manera oculta; su cumplimiento es ahora y *todavía no*; es decir, en el futuro. Los cristianos por mucho tiempo han estado en desacuerdo acerca de los detalles de la escatología, pero siempre han estado de acuerdo en que Jesucristo regresará para establecer la plenitud de su reino, ya sea en esta tierra dentro de la historia o más allá de ella en un cielo nuevo y una tierra nueva (o ambos, como en el premilenialismo). Los teólogos liberales han hablado y escrito con frecuencia sobre la cuestión de la vida después de la muerte, como mostraré aquí. Sin embargo, sus ideas sobre la vida después de la muerte dejan mucho que desear. Un pastor liberal predicó en el funeral del abuelo de mi esposa, Helmer. El pastor dijo, al lado del cuerpo en el ataúd: "Helmer se ha ido; nunca más volveremos a ver a Helmer, pero Dios tiene a Helmer en su memoria». El pastor era un graduado reciente de un seminario liberal muy conocido.

Washington Gladden, uno de los primeros pastores-teólogos liberales estadounidenses, enseñó la realidad del cielo y el infierno, pero los identificaba con condiciones de consciencia espiritual en la vida presente, siguiendo de cerca a Schleiermacher. «El cielo es armonía con Dios».[3] «El infierno es separación de Dios y enemistad con Él».[4] «El cielo y el infierno ya han comenzado en nosotros; en muchos de nosotros están contendiendo por el dominio, y todavía no parece seguro en todos nosotros si los ángeles o los demonios ganarán».[5] Sin embargo, Gladden también creía en la inmortalidad del alma, aunque, según él, la inmortalidad es condicional. «La tendencia del pecado es hacia la disminución del ser... Creo que el pecado persistente finalmente debe dar como resultado la extinción del ser».[6] Esta es una expresión de lo que algunos llaman aniquilacionismo, la creencia

3. Washington Gladden, *Present Day Theology* (Columbus, OH: McClelland, 1913), p. 98.
4. Ibid., p. 102.
5. Ibid., p. p. 111.
6. Ibid., p. 113.

en que los malvados finalmente serán aniquilados en lugar de ser torturados en un infierno literal por toda la eternidad. En la misma página en la que afirmó el infierno como aniquilación, Gladden indicó con fuerza la posibilidad de la salvación universal: «La maldad puede llegar a su fin mediante la restauración final de la virtud de todas las almas vagabundas y pecadoras».[7] Obviamente, cuando escribió *Teología moderna* no había llegado a una conclusión acerca del infierno.

Unas páginas más adelante, sin embargo, Gladden sugirió que «el cielo y el infierno no son principalmente lugares, son estados de carácter».[8] Después, en la misma página, llegó a la conclusión de que «probablemente» la vida siguiente será una continuación de la presente, en términos de asociaciones de carácter: «Encontraremos las asociaciones y ocupaciones que son agradables».[9] Sin duda, Gladden sí creía en la vida después de la muerte personal y subjetiva. «La vida consciente del espíritu no termina con la muerte del cuerpo; que el organismo físico es el albergue o el templo de una vida inmortal; que la muerte no es otra cosa sino la partida de la inteligencia inmaterial de su habitación material; que cuando el cuerpo regresa al polvo del que provino, el espíritu regresa a Dios que lo dio».[10] Incluso argumentó a favor de cierta clase de cuerpo nuevo, un tipo de resurrección, a la vez que negaba la continuidad entre el cuerpo presente y el nuevo.[11] El cuerpo nuevo, sugirió, será «etéreo» contrariamente a físico.

Al igual que muchos cristianos conservadores y liberales de su época y anteriores, Gladden parecía aceptar el posmilenialismo: la creencia en que la plenitud del reino de Dios por medio de Jesucristo puede llegar mediante el esfuerzo humano: «En cuanto los hijos de los hombres puedan aprender a creer que el camino

7. Ibid.
8. Ibid., p. 115.
9. Ibid.
10. Ibid., p. 202.
11. Ibid., p. 215.

del amor es el camino de la vida, el cielo estará aquí».[12] Sin embargo, tenía muy poco o nada que decir acerca de la *parousia*, la segunda venida de Jesucristo.

Una interpretación de la teología de Gladden es que, en ella, al igual que en la de muchos protestantes liberales estadounidenses, había una lucha entre el cristianismo tradicional y ortodoxo y la nueva teología que surgía de Alemania, de Schleiermacher y Ritschl. Gladden se aferraba a tanto del cristianismo tradicional como podía a la vez que aceptaba la nueva teología, la «teología moderna». Carente casi por completo de su escatología, sin embargo, estaba cualquier enseñanza acerca del glorioso regreso de Jesucristo a la tierra o cualquiera de los acontecimientos que lo rodean, como el juicio y el cielo nuevo y la tierra nueva. Su teología se enfocaba claramente y casi exclusivamente en intereses de este mundo, aunque él creía en una existencia consciente del individuo después de la muerte. Esto era típico de la teología liberal de la época victoriana; al final, incluso la existencia consciente del individuo después de la muerte se volvería problemática para el cristianismo liberal posterior del siglo XX.

El teólogo liberal Henry Churchill King, en *Reconstrucción de la teología*, un clásico de la teología cristiana liberal temprana en los Estados Unidos, no dijo casi nada acerca de la escatología, una omisión muy evidente. Hacia el final del libro, escribió acerca del reino de Dios en términos puramente sociales: «El reino de Dios está en el interior ciertamente; el reino de Dios, quien es amor, en el corazón individual».[13] «El amor *es* la entrega del yo en las relaciones personales. El reino de Dios, por lo tanto, es necesariamente social; no personal y social, sino social porque es personal».[14] ¿Qué decir de su omisión de la reconstrucción explícita de la escatología? En primer lugar, King probablemente

12. Ibid., p. 119.
13. Henry Churchill King, *Reconstruction in Theology* (New York: Macmillan, 1901), p. 238.
14. Ibid.

era un posmilenialista como Gladden; probablemente pensaba del reino de Dios como un orden social gobernado por el amor dentro de la historia humana; sin embargo, probablemente era agnóstico acerca del futuro. Su silencio acerca de la vida después de la muerte y el regreso de Cristo es ensordecedor. Tal vez habló o escribió al respecto en algún otro lugar, pero un libro titulado *La reconstrucción de la teología* debería al menos incluir indicaciones de creencias acerca de tales doctrinas cristianas fundamentales. Parece razonable concluir que King, al igual que muchos otros teólogos liberales estadounidenses del siglo XX, estaba casi exclusivamente interesado en este mundo, en la historia, en la salvación social. Bajo la influencia del filósofo Immanuel Kant, tenían tendencia a rechazar la «especulación» acerca del «ámbito de lo noúmeno»: el ámbito de las cosas que están más allá de la experiencia.

Contrariamente a King, el teólogo liberal L. Harold DeWolf incluyó un capítulo completo sobre «El fin de todas las cosas» en su libro *El caso de la teología en la perspectiva liberal.* El teólogo metodista afirmó: «Si al final el amor justo de Dios ha de ser reivindicado, debe haber, para las personas individuales y para la raza, una vida después de la muerte».[15] Al igual que Gladden, afirmó cierto tipo de cuerpos resucitados a la vez que dejaba muy difusos los detalles.[16] DeWolf sugirió con cautela una restauración final de todo a la comunión con Dios sin afirmar el universalismo: «Parecería que el castigo después de la muerte debe considerarse como administrado con la *esperanza* y con el *propósito* de sacudir al pecador de su orgullo complaciente y prepararlo para la obra redentora del amor de Dios».[17] Claramente, DeWolf creía en la inmortalidad subjetiva a la vez que negaba una inmortalidad natural platónica del alma como si fuera una chispa de lo

---

15. L. Harold DeWolf, *The Case for Theology in Liberal Perspective* (Philadelphia: Westminster, 1959), p. 172.
16. Ibid., p. 174.
17. Ibid., p. 175, cursivas en el original.

divino.[18] Sin embargo, nos dejó con preguntas acerca de los detalles, incluso acerca de la posibilidad de la salvación universal.

Con respecto a la *parousia*, DeWolf afirmaba «un regreso de Cristo»,[19] pero «eso no debe tomarse como un descenso corporal y espectacular de Jesús el Nazareno. La imagen que se utiliza en los Evangelios para describir la *parousia* simboliza misterio, y la majestad divina».[20] Tras haber dicho eso, lo cual parece realismo simbólico, hizo un giro, y en la misma página expresó «confianza en que su venida será en carácter, como es conocido en Jesús de Nazaret». Esto es, por decir lo mínimo, poco útil. Lo que las personas quieren saber, y lo que el cristianismo ortodoxo siempre ha respondido afirmativamente, es si el Señor Jesucristo encarnado regresará a este mundo en el futuro. Aparentemente, DeWolf no estaba seguro de cómo responder a eso, lo cual es una importante señal de pensamiento liberal en la teología. Al menos su silencio es mejor que la posterior negación tan clara del regreso de Jesucristo por teólogos liberales.

De un modo típico liberal moderado, DeWolf concluyó su sección sobre escatología de modo difuso: «Con la misma seguridad de que todo el episodio humano en la tierra terminará algún día... todos los que hayan vivido en la tierra estarán entonces bajo el cuidado, el juicio y el amor del mismo Padre en otros ámbitos después de la muerte».[21] Mientras que algunos cristianos pueden quedar satisfechos con tal mezcla teológica, el cristiano inteligente y que piensa quiere saber más, y tanto la Biblia como la tradición cristiana ofrecen más: un cielo nuevo y una tierra nueva donde Dios habitará con su pueblo para siempre, y ya no habrá más pecado, enfermedad o muerte.

Por desgracia, incluso cristianos liberales más moderados, como DeWolf, no pueden declarar ese «más». ¿Por qué? ¿Qué los

---

18. Ibid., pp. 172–73.
19. Ibid., p. 179.
20. Ibid.
21. Ibid., p. 180.

detiene? Una posible respuesta es una reacción a una interpretación exageradamente detallada y literal de las enseñanzas bíblicas acerca del futuro. Sin duda, algunos cristianos, como Dante con respecto al purgatorio y el infierno, han ido demasiado lejos, permitiendo que su imaginación corra desbocada juntamente con ellos. ¿Habrá «mansiones sobre la colina» preparadas para los salvados? ¿Mansiones literales? Un popular canto góspel así lo dice. Tal vez DeWolf y otros teólogos liberales moderados querían alejarse de ese tipo de cristianismo popular y folclórico. Sin embargo, ¿por qué no corregirlo en lugar de rechazar sus preocupaciones y preguntas? Un ejemplo de teólogo cristiano muy inteligente, con educación formal e intelectual que lo hace es N. T. Wright en su magnífico libro *Sorprendidos por la esperanza*.[22]

Algunos cristianos conservadores «saben» demasiado acerca del futuro y de la vida después de la muerte, y la mayoría de los cristianos liberales «saben» demasiado poco. Gladden, King y DeWolf sabían, o al menos decían, muy poco. El cristianismo ortodoxo sabe mucho acerca del futuro. Saber interpretar el lenguaje y las imágenes de la Biblia no es fácil, pero simplemente dejar a un lado la mayor parte de ese tema y sustituirlo por una esperanza floja y sentimentaloide de una vida futura con Dios poco clara es inútil, especialmente para quienes enfrentan la muerte. Ellos quieren saber más, y el cristianismo ortodoxo ofrece más. ¿Qué más? Al menos, la confianza de estar con Cristo después de la muerte y finalmente ser resucitado a novedad de vida corporal como la del cuerpo resucitado de Cristo (1 Corintios 15). Los cristianos ortodoxos puede que estén en desacuerdo sobre detalles del futuro, pero tienen una esperanza firme y bien arraigada, una confianza en que habrá un cumplimiento de la vida con Cristo y el temor apropiado de que los pecadores no arrepentidos enfrentarán el juicio y el infierno. Por casi dos mil años, pastores y teólogos cristianos hablaron incluso sobre las recompensas

---

22. N. T. Wright, *Surprised by Hope: Rethinking Heaven, the Resurrection, and the Mission of the Church* (New York: HarperOne, 2009).

en el cielo para quienes sufrieron por la verdad y por Cristo. La desaparición casi completa del discurso sobre las recompensas puede que sea una evidencia del efecto lento de la minimización de la escatología que hace la teología liberal.

Como muchos cristianos liberales, el teólogo Delwin Brown se conformó con esperanzas difusas para el futuro, tanto para el individuo después de la muerte como para el mundo. En su diálogo con el teólogo conservador Clark Pinnock, Brown rechazó las interpretaciones literales del cielo y el infierno, inclinándose por interpretaciones no literales de ambos. Para él, el cielo y el infierno señalan a la «permanencia de cada cumplimiento y cada destrucción», incluso si no la existencia permanente y consciente de cada persona después de la muerte. Sin usar la frase, se acercó a afirmar la inmortalidad objetiva. «La imagen de "vida eterna" connota... la convicción de que nuestras vidas, incluso en el presente, tienen una ultimidad, un significado permanente en un Dios eterno».[23] Evitó ofrecer una respuesta clara e inequívoca a las preguntas de Pinnock acerca de la vida consciente después de la muerte. Trató el lenguaje bíblico sobre la escatología como «un conjunto de símbolos linguísticos».[24] Acerca de la vida después de la muerte de los individuos, Brown aseveró: «Las personas no pueden "ir" a algún "lugar" llamado cielo o infierno».[25] Intentó calificar eso hablando de una «interrelación» de personas tomadas «para siempre en la realidad de Dios».[26] Brown no debería quejase si alguien como Pinnock considera su lenguaje desesperadamente difuso y poco útil.

En *Theological Crossfire* [Fuego cruzado teológico], su diálogo con Pinnock, Brown dice poco, si es que dice algo, sobre una victoria suprema del bien sobre el mal. Brown es un teólogo del proceso; cualquier expectativa confiada de una victoria futura

23. Clark H. Pinnock y Delwin Brown, *Theological Crossfire: An Evangelical/Liberal Dialogue* (Grand Rapids: Zondervan, 1990), p. 240.

24. Ibid., p. 242.

25. Ibid., p. 246.

26. Ibid.

de Dios sobre el mal es contraria a las ideas básicas de la teología del proceso.[27] Al menos en su diálogo con Pinnock, Brown no dice nada sobre una segunda venida de Cristo, aunque probablemente consideraría eso como un potente símbolo de la influencia positiva que Jesucristo tiene sobre individuos y sobre la historia, en cuanto a que ellos escogen libremente aceptar y poner en práctica la misión de Cristo para la transformación.

El pensador cristiano liberal Donald E. Miller, en *El caso del cristianismo liberal*, no tiene prácticamente nada que decir acerca del futuro, ya sea el del individuo después de la muerte o el del mundo. Ofrece solamente una indicación de lo que él espera: «¿Qué sería la religión si no consolara, ofreciera esperanza, y sugiriera que la existencia temporal no es todo lo que hay? Con toda certeza, una religión que no inspirara confianza en el futuro y consuelo en el presente sería una especie única de religión».[28] Sin embargo, no da contenido a lo que significa esa esperanza y confianza en el futuro. La persona puede estar justificada al pensar que él cree que todo lo que tenemos, como cristianos que leemos la Biblia y la tradición cristiana, son símbolos. Exactamente lo que son o lo que significan nunca se explica.

El teólogo liberal Peter Hodgson prescinde por completo de las esperanzas literales de un fin supremo y final de la lucha entre el bien y el mal. Para él, Dios es un espíritu de pura libertad que proporciona a la creación impulsos hacia la unidad y la armonía, pero no está claro si llegarán a realizarse plenamente. Según él, «Dios crea el mundo, se encarna en Cristo y en otras figuras salvadoras, y envía el Espíritu hacia un fin; un fin que nunca puede comprenderse plenamente pero incluye metas como una mejora

27. Ver *Process Philosophy and Christian Thought*, ed. Delwin Brown et al. (Indianapolis: Bobbs-Merrill, 1971). Este volumen editado incluye una introducción histórica y analítica a la teología del proceso por Brown. También incluye numerosos ensayos de destacados teólogos del proceso. Todos concuerdan en que Dios, estando esencialmente limitado en poder, no puede garantizar una victoria escatológica final sobre el mal.

28. Donald E. Miller, *The Case for Liberal Christianity* (San Francisco: Harper and Row, 1981), p. 144.

de la vida y la diversidad, una convivencia armoniosa de todo el cosmos, una lucha para sanar conflictos trágicos, un crecimiento en amor y libertad, iluminación y sabiduría, bondad y belleza».[29] Dado lo demás que él dice en *Liberal Theology: A Radical Vision* [Teología liberal: una visión radical], es dudoso que su intención sea que la frase «Dios crea el mundo, se encarna en Cristo... envía el Espíritu» se tome literalmente. Son símbolos de la dialéctica de Hegel que Hodgson acepta críticamente, en la cual Dios está encarnado en todo el cosmos y especialmente en la historia, todo el tiempo, y siempre está batallando junto con el mundo y la humanidad para establecer armonía y belleza. Totalmente fuera de esta «visión radical» de la teología liberal de Hodgson está cualquier esperanza realista de la vida individual después de la muerte y un regreso de Cristo para establecer su reino.

El erudito y teólogo del Nuevo Testamento, Marcus Borg, confesó ser «agnóstico» acerca de «una vida después de la muerte».[30] «Sin embargo», confesó también, «creo que hay algo en lugar de nada».[31] Dice que experiencias como las que algunos experimentan cerca de la muerte, al menos llaman a cuestionar cosmovisiones dogmáticas y reduccionistas que niegan cualquier vida fuera de la natural-biológica.[32] Sin embargo, lo máximo que Borg puede decir sobre la vida después de la muerte es que «no morimos hacia la nada sino que morimos hacia Dios».[33] Declinó ser más específico acerca de la vida después de la muerte. Para la mayoría de las personas, tanto cristianas como no cristianas, «morir hacia Dios» es demasiado difuso para ser útil o para dar esperanza acerca del futuro. La Biblia es mucho más abundante en sus enseñanzas. Cierto es que gran parte de lo que dice la Biblia sobre la vida

29. Peter Crafts Hodgson, *Liberal Theology: A Radical Vision* (Minneapolis: Fortress, 2007), pp. 90–91.

30. Marcus J. Borg, *The God We Never Knew: Beyond Dogmatic Religion to a More Authentic Contemporary Faith* (New York: HarperCollins, 1997), p. 171.

31. Ibid.

32. Ibid.

33. Ibid., p. 175.

después de la muerte es metafórico, pero incluso las metáforas nos dicen mucho más que «morimos hacia Dios». Está la creencia cristiana bíblica y tradicional en la resurrección del cuerpo, la plenitud de vida (vida eterna) en un cielo nuevo y una tierra nueva, liberado de la atadura al deterioro y libre de pecado, enfermedad y muerte. Borg y otros teólogos liberales podrían quedar satisfechos con una creencia poco concreta de morir hacia Dios, pero la Biblia ofrece más, al igual que lo hace la tradición cristiana. Al menos Borg creía en la inmortalidad subjetiva en lugar de la inmortalidad objetiva, en la cual la vida después de la muerte significa solamente quedar en la memoria de Dios o seguir vivo en la influencia que tuvo la persona en la historia.

El obispo episcopal retirado John Shelby Spong afirmó que *sí* creía en la vida después de la muerte, pero insistió mucho en que no es como las representaciones religiosas populares o conservadoras. Según él, «el contenido de esta realidad de vida más allá de las fronteras de la muerte es tan radicalmente diferente a cualquier cosa que hayan propuesto los sistemas religiosos del pasado, que es casi irreconocible por completo».[34] A lo largo de su capítulo sobre «La vida eterna apartada del cielo y el infierno», Spong critica y deconstruye creencias tradicionales sobre la vida después de la muerte y el futuro. Todas son míticas en el peor de los casos, simbólicas en el mejor, y simplemente por encima de la creencia para las personas modernas. La afirmación más clara que él ofrece es «cierta sensación de eternidad en la cual mi ser, diferenciado y definido por el poder del amor, se une con los seres de otros que son uno con la Tierra de todo Ser».[35]

El cristianismo liberal nos deja sin esperanza acerca de nuestro futuro y del futuro del mundo; el cristianismo bíblico y ortodoxo nos ofrece esperanza en Jesucristo para vida eterna junto con Él y con todos los santos, el pueblo de Dios, en el cielo. El

---

34. John Shelby Spong, *Why Christianity Must Change or Die: A Bishop Speaks to Believers in Exile* (San Francisco: HarperSanFrancisco, 1998), p. 201.

35. Ibid., p. 219.

cristianismo liberal nos deja insatisfechos cuando se trata de nuestra sensación de justicia para las víctimas de opresión extrema, porque incluso quienes realizaron el Holocausto serán «uno con la Tierra de todo Ser», utilizando palabras de Spong. La teología liberal va mucho más allá de la advertencia de Niebuhr sobre no querer saber demasiado sobre los muebles del cielo o la temperatura del infierno; elimina cualquier cielo e infierno significativos y, en el mejor de los casos, alberga la esperanza de cierta vida anodina más allá de la tumba. El regreso de Jesucristo en gloria, juicios divinos, un reino de Dios cumplido, un cielo nuevo y una tierra nueva libre de pecado, enfermedad y muerte, donde ya no habrá más lágrimas, se trata todo ello como mitos o símbolos. Nos quedamos casi prácticamente con este mundo y la virtud como su propia recompensa.

Ahora nos fijaremos en el más reciente y tal vez el más profundo de los teólogos protestantes liberales desde Schleiermacher, su discípulo contemporáneo Douglas Ottati, teólogo liberal cristiano por excelencia. Contrariamente a algunos de entre su séquito de teólogos liberales, él profundiza en los materiales bíblicos acerca de la escatología y lucha con muchos puntos de la tradición cristiana. No tiene interés solamente en deconstruir «mucha conversación convencional de "vida después de la muerte"», aunque admite que «hay graves dificultades espirituales y teológicas» en ello.[36] Tras un análisis detallado de varias propuestas escatológicas por parte de muchos eruditos bíblicos y teólogos, del pasado y el presente, Ottati finalmente ofrece su propia postura a la vez que observa que «aquí estamos lidiando con algo que... parece envuelto en la ambigüedad y en el misterio».[37]

Su postura, sin embargo, no es muy distinta a las de otros teólogos liberales que hemos conocido. Su expresión más clara llega en una nota al pie donde cita de modo favorable a otro

36. Douglas F. Ottati, *A Theology for the Twenty-First Century* (Grand Rapids: Eerdmans, 2020), p. 709.

37. Ibid., p. 728.

teólogo liberal llamado Brian Gerrish: «Por mí mismo, creo que el peso de la tradición aconseja a los cristianos, a pesar del escepticismo moderno, a no rendir la creencia en la supervivencia personal [de la muerte] con demasiada rapidez y, sin embargo, mantenerse sinceramente agnósticos acerca de su naturaleza».[38] Ottati afirma que Dios es la respuesta a la cuestión de la esperanza, pero que toda la conversación sobre la resurrección, espíritus que perviven y mundos por venir sigue siendo «opaca».[39]

En definitiva, Ottati parece estar más en contacto con la Biblia y la tradición cristiana, más en sintonía con las diversas propuestas teológicas acerca de la escatología, pero en última instancia no es más útil que otros teólogos liberales en establecer esperanza para el futuro. No queda claro si él cree en la existencia personal, consciente y corporal en el cielo, y menos en el infierno. Se puede interpretar razonablemente parte de lo que él dice sobre la vida después de la muerte como que afirma una inmortalidad objetiva pero no subjetiva. Y no tiene casi nada que decir sobre un regreso de Jesucristo, *parousia*, en la historia o al final de la misma.

¿Por qué son tan reticentes acerca de la escatología los intelectuales cristianos liberales y sus discípulos en los púlpitos y las bancas? ¿Qué motiva su escepticismo acerca del tema? Una posible respuesta es la reacción excesiva a la especulación cristiana acerca del tema. Se han escrito y se han predicado tantas necedades sobre el cielo y el infierno, que incluso creyentes conservadores finalmente se alejan del tema. Sin embargo, no hay nada inherente en tener educación, ya sea académica o intelectual, o

---

38. Ibid., p. 734. La cita es de B. A. Gerrish, *Christian Faith: Dogmatics in Outline* (Louisville: Westminster John Knox, 2015), 316. Gerrish es tal vez el principal erudito de Schleiermacher y su teología, habiendo escrito un libro sobre el padre alemán de la teología liberal moderna titulado *A Prince of the Church: Schleiermacher and the Beginnings of Modern Theology* (Eugene, OR: Wipf and Stock, 2001). Yo escuché los discursos que constituyen este libro en la Universidad Rice cerca de 1980. El libro fue publicado originalmente por Fortress Press en 1984.

39. Ibid., p. 734.

incluso moderna, que requiera tal escepticismo. ¿Acaso sencillamente han eliminado al bebé junto con el agua de la bañera? N. T. Wright es un erudito cristiano moderno, intelectual y con educación que ha mostrado, especialmente en *Sorprendido por la esperanza*, que la expectativa escatológica puede estar al menos un poco detallada.

Francamente, la mayoría de las iglesias cristianas liberales existen cerca de institutos y universidades seculares o vagamente relacionadas con la iglesia. Alguien podría estar justificado al pensar que estos pensadores liberales y quienes los siguen están bajo la impresión equivocada de que ser moderno e intelectual requiere renunciar a la creencia en realidades escatológicas, con la única excepción de alguna idea difusa de la vida después de la muerte.

En cuanto a que han renunciado a la creencia en la resurrección corporal y el regreso de Jesucristo para establecer su reino cumplido y un cielo nuevo y una tierra nueva, libre de pecado, enfermedad y muerte, los teólogos liberales se han alejado del cristianismo. La de ellos es una escatología secularizada, destruida y vacía sin ninguna continuidad reconocible con la escatología cristiana bíblica, histórica y ortodoxa. La escatología liberal deja a las personas sin esperanza ante la muerte, el mal, y la destrucción del entorno. El futuro que ellos describen se ve lúgubre en el mejor de los casos.

8

LA CRISIS DE LA TEOLOGÍA LIBERAL

Incluso teólogos cristianos liberales reconocen que el cristianismo liberal está en crisis. Por varias décadas, sus seguidores han estado disminuyendo. Iglesias liberales han visto vaciarse sus bancas y menguar su membresía. Importantes denominaciones protestantes con inclinación liberal han perdido millones de miembros. El sociólogo de la religión Dean Hoge es uno de muchos eruditos que han estudiado este declive en supuestas iglesias protestantes tradicionales. Su explicación se publicó en la revista *First Things* [Primeras cosas]: «Como respuesta a las corrientes de la modernidad, líderes denominacionales promovieron el ecumenismo y el diálogo, pero no idearon o promovieron nuevas versiones atractivas de una fe distintivamente cristiana. No dieron forma o predicaron una apologética vigorosa».[1] Muchos sociólogos de la religión sugirieron que denominaciones e iglesias tradicionales con inclinación liberal se convirtieron en reflejos de la cultura secular y perdieron su poder profético; se

1. Dean R. Hoge, "Mainline Churches: The Real Reason for Decline", *First Things*, Marzo de 1993, https://www.firstthings.com/article/1993/03/mainline-churches-the-real-reason-for-decline.

acomodaron tanto a la cultura moderna y secular, que los miembros perdieron el interés. ¿Dónde comenzó esta acomodación liberal a la cultura para las iglesias en declive? La sencilla respuesta está en sus seminarios. Por más de un siglo, los seminarios protestantes tradicionales y con inclinación liberal en los Estados Unidos han estado promoviendo el cristianismo liberal. Como descubrió el teólogo suizo Karl Barth (1886-1968) durante su primer pastorado, la teología liberal simplemente no predica.

Cristianos ortodoxos de muchas denominaciones han criticado por mucho tiempo la teología liberal como hereje e incluso apóstata. Como mencionamos anteriormente, el teólogo presbiteriano J. Gresham Machen lanzó un claro ataque sobre la teología liberal en su libro *Cristianismo y liberalismo*: «A pesar del uso liberal de la fraseología tradicional, el liberalismo moderno no solo es una religión distinta al cristianismo sino que también pertenece a una clase de religiones totalmente diferente».[2] Muchas personas que no leyeron el libro supusieron que Machen hablaba de algo que no era verdadero cristianismo liberal, como se describe en su libro y aquí. Ese malentendido causó una gran consternación; incluso personas que estarían de acuerdo en que el verdadero cristianismo liberal no es auténticamente cristiano, si se molestaran en estudiarlo, objetarían a tales juicios aparentemente duros en contra de cualquiera que se identifique como cristiano. Claro está que Machen no estaba juzgando la salvación de nadie o ni siquiera la fe cristiana personal de nadie; él juzgaba (y yo también) una teología como no auténticamente cristiana. Sin embargo, como todos saben, es difícil separar a la persona de sus compromisos ideológicos.

Antes y después del libro de Machen aparecieron muchos libros, artículos y panfletos en contra de la teología liberal, principalmente de autores y editores fundamentalistas. Algunos de ellos son bochornosos incluso para los cristianos ortodoxos.

2. J. Gresham Machen, *Christianity and Liberalism* (Grand Rapids: Eerdmans, 1923), p. 7.

Algunos de ellos están asombrosamente mal informados, y se apoyan únicamente en literatura secundaria, con mayor frecuencia de otros fundamentalistas. Machen conocía de primera mano la teología liberal. Un siglo después, yo he realizado un estudio detallado y de primera mano del cristianismo liberal y su teología. He llegado a la misma conclusión a la que llegó Machen, y creo que cualquier cristiano ortodoxo, por más progresista que pueda ser, debe estar de acuerdo en que el cristianismo liberal no es auténticamente cristiano. El cristianismo liberal es una religión que venera a Jesús pero no se adhiere a nada parecido al cristianismo ortodoxo, a excepción de su fraseología.

El cristianismo liberal y sus organizaciones han perdido muchos miembros y de ningún modo son tan relevantes o dominantes culturalmente como lo fueron en su apogeo. Según Dorrien: «En 1895 el movimiento [liberal] dominaba el discurso y las instituciones de la clase dirigente protestante estadounidense».[3] Ese dominio perduró al menos por un siglo dentro de las supuestas denominaciones e instituciones protestantes tradicionales. La teología liberal todavía domina muchas denominaciones, incluso si es en alguna forma un poco alterada. Sin embargo, no hay ninguna duda de que el cristianismo liberal ha enfrentado varias crisis después de 1895 y ha tenido que adaptarse para sobrevivir. No hay nada inherentemente malo en eso; todos los movimientos religiosos se adaptan para sobrevivir. Sin embargo, el cristianismo liberal nunca se adaptó realmente para así restaurar la continuidad con el cristianismo bíblico, histórico y ortodoxo.

Una crisis se produjo tras las dos guerras mundiales. Antes de la Primera Guerra Mundial, el cristianismo liberal había sido generalmente optimista acerca de la humanidad y la historia; la humanidad ascendería hacia el reino de Dios en la tierra mediante educación, reforma social, ciencia, y religión iluminada. Las dos guerras mundiales forzaron a la teología liberal a llegar

---

3. Gary J. Dorrien, *The Making of American Liberal Theology: Imagining Progressive Religion, 1805–1900* (Louisville: Westminster John Knox, 2001), p. 262.

a ser más realista acerca de la humanidad y la historia, a reconocer que son infinitamente perfeccionables y que el reino de Dios en la tierra, como un orden social organizado por el amor, es probable que no se espere. El liberalismo humillado tomó el lugar del liberalismo humanista y demasiado optimista, y algunos teólogos liberales desertaron del movimiento, adoptando una ansiedad existencial acerca de la humanidad y la historia, e incluso redescubriendo el pecado original como un quebranto universal en la humanidad, tanto en los individuos como en la raza misma. Reinhold Niebuhr fue uno de esos desertores de la teología liberal, aunque los fundamentalistas siempre lo consideraron un liberal.

Una segunda crisis está vinculada con menos claridad con una causa; a lo largo de la segunda mitad del siglo XX y hasta el inicio del siglo XXI el cristianismo liberal, tal como lo he descrito aquí, enfrentó una pérdida de credibilidad y poder. Las bancas de las iglesias liberales se vaciaron en gran parte (con muchas excepciones, por supuesto), y denominaciones con inclinación liberal, denominaciones que permitían que la teología liberal se desarrollara en sus seminarios y universidades, disminuyeron en número y en influencia.

Gary Dorrien es sincero con respecto a esta segunda crisis. En sus tres volúmenes de historia de la teología liberal estadounidense lo menciona, pero no desesperadamente. Él es un teólogo liberal que intenta infundir nueva vida al cristianismo liberal. Hacia el final del tercer volumen argumenta a favor de «un renacimiento desapercibido» de la teología liberal estadounidense, a la vez que admite que «la teología liberal estadounidense [estuvo] atascada en crisis desde la década de 1930 y dada por muerta incluso por sus amigos desde la década de 1960».[4] Según Dorrien, la teología liberal en los Estados Unidos no está tan solo sobreviviendo sino desarrollándose con una nueva vitalidad. Si

4. Gary J. Dorrien, *The Making of American Liberal Theology: Crisis, Irony, and Postmodernity, 1950–2005* (Louisville: Westminster John Knox, 2006), p. 513.

él está en lo cierto, eso me resulta aterrador. Me temo que tenga razón, ya que muchos estudiantes antes fundamentalistas y que están desilusionados (y otros) se están apartando del mero progresismo hacia una teología liberal en toda regla. En la actualidad, el cristianismo progresista es con frecuencia un hogar de transición desde el cual emergen las personas hacia una teología liberal en toda regla en una de sus variedades. Marcus Borg, por ejemplo, es extremadamente atractivo para muchos de ellos.

Aquí quisiera mencionar algunas críticas del cristianismo liberal y su teología por parte de algunos de sus propios portavoces, comenzando con Dorrien. Hablando de líderes cristianos liberales de principios del siglo XX dice: «Solamente demorados cuestionaron si habían concedido demasiada autoridad a la cultura moderna en el curso de liberar al cristianismo estadounidense de sus casas de autoridad escriturales y eclesiásticas».[5] ¡La misma cuestión podría plantearse a Dorrien y cada cristiano liberal! ¿Se están haciendo a sí mismos esa pregunta *ahora*? No con la seriedad suficiente. Escribiendo sobre la existente crítica del teólogo metodista liberal DeWolf de las iglesias protestantes liberales de su época, Dorrien se lamentaba de que «congregaciones liberales descuidaron la Biblia, mostraron poco o ningún interés en el evangelismo, y desdeñaron la predicación de avivamiento. Su propia predicación era sentimental y llena de psicología; valoraban el gradualismo y la amabilidad, buscaban a Dios solamente en lo universal, y no tenían ningún concepto de juicio divino o del temor de Dios».[6]

Dorrien cita también al teólogo liberal Van Harvey (1926-2021), quien bromeó que, para la teología liberal, «"el cristianismo" se convirtió meramente en una representación de la autocomprensión moderna».[7]

---

5. Dorrien, *Making of American Liberal Theology: Imagining Progressive Religion*, p. 411.
6. Dorrien, *Making of American Liberal Theology: Crisis, Irony, and Post- modernity*, p. 25.
7. Ibid., p. 516.

Según Dorrien, «el teólogo Stephen Webb se dio cuenta de que a esos liberales contemporáneos les resultaba posible escribir tanto a pesar de creer tan poco».[8] Dorrien mismo se quejaba de que «los teólogos liberales... con frecuencia se encuentran hablando en un lenguaje que tenía poca aceptación en las congregaciones».[9]

Mi experiencia al ser un miembro de dos iglesias protestantes liberales, al trabajar en el equipo de trabajo de una de ellas y en el comité ejecutivo de otra, me convence de que todas esas críticas siguen siendo válidas. Una de las iglesias era una congregación bautista en el centro de una capital estatal. Los materiales utilizados en las clases de escuela dominical eran antifundamentalistas y proseculares, a favor de políticas liberales y de la salud mental y emocional. La predicación estaba formada con frecuencia por buenos consejos, pero le faltaba el evangelio. El pastor, que antes era bautista del sur, se desilusionó profundamente con el giro conservador de esa denominación, le dijo a la congregación que lo que dice el Nuevo Testamento sobre Satanás y los demonios era meramente un modo primitivo de hablar sobre enfermedades y disfunciones mentales y emocionales. Ante un contrainterrogatorio personal, admitió ante mí que no pensaba que los Evangelios son históricos, sino que contienen representaciones simbólicas y míticas de experiencias espirituales. Esa congregación disminuyó hasta dejar las bancas casi vacías durante mi estancia de cuatro años allí.

Trabajé como ministro de jóvenes y director de educación cristiana en una iglesia presbiteriana tradicional por tres años. Había poco que fuera teológico acerca de la iglesia; unos pocos miembros parecían tener cierto interés en la teología, y yo intenté enseñarles su propia teología presbiteriana. El pastor, sin embargo, era graduado de un seminario protestante liberal tradicional, y sus sermones eran principalmente terapéuticos. Él

8. Ibid., p. 522.
9. Ibid., p. 529.

estaba decidido a asegurar a los congregantes de más edad que sus vidas eran «de significado y valor para Dios». Notablemente faltante en sermones, estudios bíblicos, y clases de escuela dominical para adultos, excepto las que yo enseñaba, era cualquier cosa sobre doctrina cristiana. La iglesia anteriormente había sido una congregación próspera de barrio que atraía a cientos de personas; sin embargo, cuando yo era parte del equipo allí, disminuyó mucho hasta quedar reducida a un grupo de ciudadanos en su mayoría ancianos. Observé que el presbiterio estaba cerrando iglesias y unificándolas. Durante mis tres años, dos congregaciones presbiterianas cerraron sus puertas y se unieron con otra iglesia, lo cual no pareció aumentar su vitalidad.

Al mismo tiempo (los años setenta y ochenta), iglesias conservadoras en los Estados Unidos crecían. Eso causó que el sociólogo de religión Dean Kelley escribiera el libro *Why Conservative Churches Are Growing* [Por qué están creciendo las iglesias conservadoras].[10] Su tesis y su conclusión fueron que muchos tipos de iglesias conservadoras estaban ofreciendo una versión de cristianismo que era robusto y vital, y no un mero reflejo de la cultura moderna con una capa de espiritualidad. El libro era una denuncia del cristianismo liberal por parte de uno de los suyos.

El historiador de la iglesia Kenneth Cauthen incluye varias páginas de crítica de la teología liberal en *The Impact of American Religious Liberalism* [El impacto del liberalismo religioso estadounidense] y argumenta que «toda la perspectiva del liberalismo necesita ser corregida a la luz de un mejor modelo de realidad que el que se asimila de la cultura moderna con muy poca crítica».[11] Se enfoca especialmente en el énfasis excesivo de la

---

10. Dean M. Kelley, *Why Conservative Churches Are Growing: A Study in Sociology of Religion* (New York: Harper and Row, 1972, 1977).

11. Kenneth Cauthen, *The Impact of American Religious Liberalism*, 2nd ed. (1962; Lanham, MD: Univ. Press of America, 1983), p. 223.

teología liberal en la inmanencia de Dios desdeñando la trascendencia de Dios, y en su falta de realismo acerca del pecado. El historiador de la iglesia William Hutchison concuerda sin entusiasmo con Cauthen, criticando «la aceptación de la implicación cultural del cristianismo» en la teología liberal a la vez que asiente hacia su potencial positivo si se reconsidera.[12]

Uno de los primeros prototipos de teología liberal estadounidense que he utilizado para representar el cristianismo liberal clásico, Henry Churchill King, advirtió a otros liberales que «es fácil aquí protestar contra los viejos credos con tanta fuerza como para debilitar seriamente la percepción de toda la verdad cristiana».[13] Desgraciadamente, King mismo hizo precisamente eso. Otro prototipo, L. Harold DeWolf, advirtió que «la teología liberal con frecuencia se acomoda a la cultura identificando con demasiada facilidad los requisitos éticos de Jesús con las costumbres morales de la época, especialmente por lo que respecta a patrones de vida individuales y personales».[14]

El teólogo evangélico Clark Pinnock, en su diálogo con Delwin Brown, advierte que el problema principal con la teología liberal es «su aparente disposición a romper con la proclamación fundacional... Deja abierto el camino para reducir y distorsionar la Palabra de Dios bajo la presión de los ideales modernos».[15] Eso es lo que he estado argumentando a lo largo de este libro, aunque utilizando un lenguaje diferente: la teología liberal corta el cordón de continuidad entre sí misma y el cristianismo bíblico, histórico y ortodoxo.

El teólogo liberal Donald Miller puso su dedo en «el peligro en el liberalismo», que es «que el mensaje cristiano puede

---

12. William R. Hutchinson, *The Modernist Impulse in American Protestantism* (1976; New York and Oxford: Oxford Univ. Press, 1982), p. 311.

13. Henry Churchill King, *Reconstruction in Theology* (New York: Macmillan, 1901), p. 6.

14. L. Harold DeWolf, *The Case for Theology in Liberal Perspective* (Philadelphia: Westminster, 1959), p. 146.

15. Clark H. Pinnock y Delwin Brown, *Theological Crossfire: An Evangelical/Liberal Dialogue* (Grand Rapids: Zondervan, 1990), p. 36.

convertirse en un reflejo en un espejo del espíritu de la época».[16] Un teólogo cristiano liberal que llegó a rechazar la teología liberal por esa misma razón fue el metodista Thomas Oden (1931-2016). Oden declaró públicamente su conversión al cristianismo ortodoxo en *After Modernity... What? Agenda for Theology* [Después de la modernidad... ¿qué?].[17] Oden había sido profesor liberal de teología y siguió trabajando como profesor de teología, pero desde una perspectiva cristiana ortodoxa. Fue autor de numerosos libros que exponían el cristianismo ortodoxo y conservador, pero no fundamentalista. Fue aceptado de buen grado por la comunidad evangélica estadounidense de teólogos (como la Sociedad Teológica Evangélica). Él fue un ejemplo poco frecuente de un verdadero intelectual cristiano liberal que se alejó del pensamiento liberal hacia el cristianismo ortodoxo sin dejar el protestantismo para unirse a la ortodoxia griega o el catolicismo romano.

La crítica de Oden de la teología liberal, de su propia teología al principio, era que estaba cautiva al espíritu de la modernidad, el cual es transitorio y contrario a los impulsos básicos de la Biblia y la tradición cristiana. También argumentó que es perjudicial para el alma humana, la cual anhela y desea naturalmente la gracia sobrenatural. En algunos aspectos, Oden era progresista tras convertirse al cristianismo ortodoxo. Creía en la plena igualdad de las mujeres en las iglesias. Rechazaba las lecturas literales de los primeros capítulos del Génesis (por ej., creacionismo de una tierra joven) y de la literatura bíblica apocalíptica (por ej., el dispensacionalismo). Sin duda, nunca fue un converso al fundamentalismo. Las personas que piensan que hay solamente dos clases de cristianismo protestante (fundamentalista y liberal) ¡no han leído nunca a Oden! Y, claramente, él no

16. Donald E. Miller, *The Case for Liberal Christianity* (San Francisco: Harper and Row, 1981), p. 34.

17. Thomas C. Oden, *After Modernity... What? Agenda for Theology* (Grand Rapids: Zondervan, 1992).

está solo. Hay numerosos eruditos protestantes evangélicos de moderados a progresistas que no son fundamentalistas y están comprometidos y son ortodoxos bíblicamente con respecto a las doctrinas cristianas. Entre ellos estaban y están John Stott (1921–2011), Donald G. Bloesch (1928– 2010), N. T. Wright (1948), Richard Bauckham (1946), Stanley J. Grenz (1950–2005), Scot McKnight (1953), y G. C. Berkouwer (1903–1996), por nombrar algunos.

Mi experiencia como teólogo cristiano durante cuarenta años es que la mayoría de las personas atraídas al cristianismo liberal son cristianos que crecieron en hogares rígidamente fundamentalistas y en iglesias que se han movido hacia el cristianismo progresista, lo que sea que signifique eso exactamente, y no están satisfechos con ese lugar difuso y a medio camino. Como cristianos que se proclaman progresistas, lo cual en la tercera década del siglo XXI por lo general significa estar a favor de la comunidad LGTBQ en cada aspecto y nivel de la vida de la iglesia, sienten el empuje total del cristianismo liberal. Al haberse alejado del fundamentalismo y saltarse el cristianismo evangélico moderado, el cristianismo progresista les resulta borroso, poco claro, mediocre, y en una trayectoria hacia el cristianismo liberal. La mayoría de ellos se mueven en esa dirección. En algún momento resbalan y se precipitan por el precipicio desde el cristianismo auténtico hacia el cristianismo totalmente liberal. Puede que sigan siendo amigables hacia Dios y sigan amando a Jesús; tal vez siguen leyendo la Biblia, pero ya no creen en los milagros, la encarnación de Dios en Cristo, la resurrección corporal de Jesús, o un infierno real que espera a quienes rechazan la gracia y la misericordia de Dios. Menosprecian la doctrina de la Trinidad por desinterés, porque «después de todo, es un misterio». Dedican toda su atención como cristianos a causas de justicia social. Para ellos, el contenido cognitivo del cristianismo ortodoxo se reseca y muere, a excepción de ser una colección de símbolos, reliquias y artefactos, como si fueran recuerdos de familia con poco atractivo o uso, pero mantienen una difusa sensación de lealtad al pasado.

El cristianismo progresista no es una tradición o un movimiento, ni siquiera una identidad real. Es simplemente una etiqueta utilizada por muchos individuos diferentes que no quieren que piensen de ellos que son conservadores y que se ven atraídos a asuntos de justicia social, con frecuencia descuidando el evangelismo, la sana doctrina, y las normas cristianas tradicionales de fe y de vida.

El cristianismo liberal, por otra parte, es una tradición que surgió de un movimiento que comenzó con Friedrich Schleiermacher en Alemania y fue exportado a los Estados Unidos principalmente por alumnos de Albrecht Ritschl. Normalmente, no explica en realidad nada excepto la consciencia de Dios o una piedad teocéntrica, o cómo ser cristiano sin creer ninguna de las doctrinas tradicionales de las iglesias históricas, bíblicas y ortodoxas. A pesar de todas sus palabras, es frustrantemente difuso, vacío, flojo y poco útil para responder a las preguntas más importantes de la vida. Está muriendo excepto en ciertas universidades y seminarios protestantes tradicionales. No hay una vida real en él, y muchas de las personas en las bancas de las iglesias estadounidenses se han dado cuenta de eso y se han marchado, ya sea para unirse a iglesias conservadoras o para abandonar por completo la iglesia porque, de modo frustrante, hay muy pocas iglesias que sean moderadas: entre medias de fundamentalistas y liberales.

El mensaje de este libro para quienes se identifican a sí mismos como cristianos progresistas es el siguiente: cuidado con el cristianismo liberal, porque no es cristianismo real en lo más mínimo. Busquen y encuentren una iglesia, un seminario, sea lo que sea, que se tome verdaderamente en serio la Biblia y la doctrina ortodoxa pero sin cultismo en su ética y sus valores, como la mayoría de iglesias y seminarios fundamentalistas, y otras organizaciones cristianas ultraconservadoras. El fundamentalismo, descrito como «ortodoxia con tintes de cultismo» por E. J. Carnell, presidente del Seminario Teológico Fuller,[18] no es la única alternativa al cristianismo liberal. Los cristianos que se identifican a sí mismos como progresistas necesitan comprender eso y los graves peligros de la teología liberal, y descubrir un terreno medio contemporáneo, relevante, bíblico y ortodoxo entre ambas.

18. E. J. Carnell, *The Case for Orthodox Theology* (Louisville: Westminster, 1959), p. 113.